7

Jul.

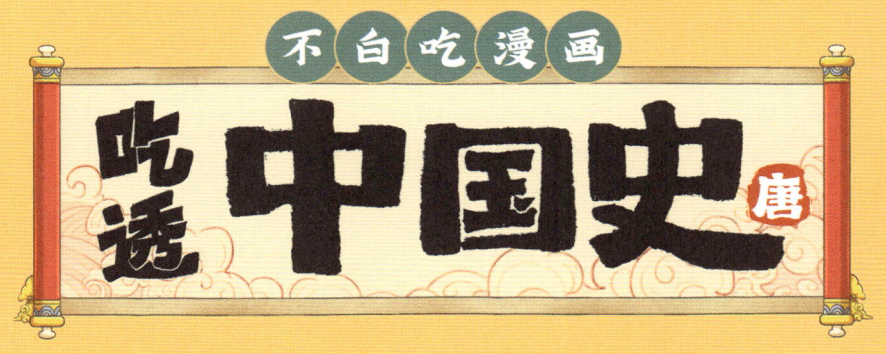

我是不白吃 著绘

国际文化出版公司
·北京·

图书在版编目（CIP）数据

吃透中国史．唐／我是不白吃著绘．－－北京：国际文化出版公司，2023.1（2025.6重印）

ISBN 978-7-5125-1472-0

Ⅰ．①吃… Ⅱ．①我… Ⅲ．①中国历史－唐代－通俗读物 Ⅳ．① K209

中国国家版本馆 CIP 数据核字（2023）第 004134 号

吃透中国史．唐

著　　绘	我是不白吃
责任编辑	吴赛赛
责任校对	崔　敏
选题策划	魏　玲　潘　良　七　月
策划编辑	张　政
出版发行	国际文化出版公司
经　　销	国文润华文化传媒（北京）有限责任公司
印　　刷	雅迪云印（天津）科技有限公司
开　　本	800 毫米 ×980 毫米　　16 开 21.25 印张　　　　　　210 千字
版　　次	2023 年 1 月第 1 版 2025 年 6 月第 15 次印刷
书　　号	ISBN 978-7-5125-1472-0
定　　价	68.00 元

国际文化出版公司
北京市朝阳区东土城路乙 9 号　　邮编：100013
总编室：（010）64270995　　传真：（010）64270995
销售热线：（010）64271187
传真：（010）64271187-800
E-mail：icpc@95777.sina.net

序　言

在中国五千年悠久、漫长的历史进程中，唐代（618—907 年）是一个十分重要的朝代，其上承秦汉，下开宋元明清，创造了辉煌的文明形态，在方方面面深刻影响了历史发展的走向。从政治方面看，唐太宗"贞观之治"是中国传统清明之治的典范，为后世所仰望；从经济方面看，唐玄宗"开元盛世"则是中国古代社会物质文明高度繁荣的突出代表；从对外关系方面看，中西文化交流无论在陆上还是海上，在此时都达到了前所未有的广泛与深入，中国文明的世界性得以凸显；至于文化上，璀璨夺目的唐诗、多姿多彩的书法，将中国语言与文字引向更具艺术性的，极丰富、优美、立体的新境界，其地位更是世人有目共睹的。近三百年中，大唐涌现出了无数重要历史人物，如唐太宗、魏征、唐玄宗、李白、杜甫、颜真卿等，他们以各具特色的方式，留下了这样或那样的足迹，是浩瀚星空中耀眼的星辰。因此，认识、了解唐代的历史，是我们了解中国历史一个不可或缺的部分。

在本书中，不白吃以别具匠心的慧眼，以漫画为主体，配以简练的文字，为我们生动呈现了唐代近三百年的历史。读后令人耳目一新。在我看来，该书有以下两个值得关注的特点：

首先，从整体框架上看，该书对唐代历史的展现是全景式的。不白吃以时间为主线分章节依次展开，涉及这一时期所有重大历史事件及相关人物。书中对这些历史事件的起因、经过及结果，相关人物在其中发挥的作用，娓娓道来，其讲述简练却不乏细致。如唐的建立，"贞观之治""开元盛世"的产生，"安史之乱"的始末，"藩镇割据"之局的形成等。该书虽然不是严肃的、专业的历史著作，却不失历史叙述的严谨与准确，读后对唐代历史可获得系统、全面的认识，有助于读者，尤其是初学者提高历史知识与人文修养。

其次，就叙述风格来看，该书最大的特点是生动。这种生动，一方面是由图文并茂来展现，简练文字再配以丰富多彩、精心绘制的漫画，有利于读者加深对历史的直观了解。但更重要的，则是不白吃完全"接地气"的文风与画风。在书中，不时可见时下流行的网络用语，甚至唐人在书中也玩起了手机、微信朋友圈等现代人才有的社交媒介方式。在这一方面，不白吃的创作技法是相当成熟也是相当成功的。借助这种合理的"穿越"，古与今得以完全打通，古人所思所行即今人所思所行。历史不再只是尘封于故纸堆的死的知识，变得鲜活起来。这确实有助于置身科技时代、网络时代的现代人，尤其是青少年朋友，透过时间造成的迷雾去亲近历史、走进历史。关于这方面的内容，读者阅读该书后自会有认识。

历史知识是人文教育的基础知识。作为一名现代中国人，对中华民族悠久历史的学习是一门必修课。在对历史的学习中，我们方能认识过去，明确当下，畅想未来。相信该书可以为读者开辟一条通向历史的有意思的门径。

杨勇
中山大学历史系教授

第十六章 纨绔天子 245

晚唐篇

第十七章 帝宫之争 259

第十八章 晚唐回光 289

第十九章 丧钟响起 303

第二十章 日落长安 319

卷首语

　　唐朝，中国史上极辉煌的朝代之一。唐朝国力强盛，社会富庶，思想开放，文化繁荣。如今世界上许多国家和地区仍把中国人称为"唐人"，把中国的传统服装称为"唐装"，称海外中国人的聚集区为"唐人街"。这无不显现唐朝在中国历史上独特的魅力。

　　唐王朝从辉煌到衰落，共历时289年，它和它的创立者李氏家族，留下了许多发人深省的历史故事。不白吃带你翻看《资治通鉴》《新唐书》《旧唐书》，一起来看大唐王朝和李唐22位皇帝的风云故事。因为不白吃才疏学浅，书中的不足之处，还请各位"看官"多多包涵。

李渊

唐朝，中国史上最辉煌朝代之一，它的开创者是李渊。

公元 566 年，李渊出生于北周的贵族家庭。当时的李家有多"贵"？

李家祖上是十六国时期西凉开国君主李暠。李渊的爷爷李虎，在西魏是叱咤风云的一代大将军，是西魏"八柱国"之一。

李渊的爸爸李昞（bǐng），在北周担任御史大夫、安州总管、柱国大将军，世袭唐国公。

所以李渊是一个妥妥的"官三代"。但别急着羡慕，李渊的爷爷、爸爸死得很早，李渊才7岁就继承了唐国公的爵位。

公元581年，在李渊15岁时，隋文帝杨坚接受北周静帝的禅让，建立了隋朝，一统南北朝分裂的局面。虽然改朝换代，但好在李渊的妈妈和隋文帝的老婆独孤皇后是亲姐俩！

所以隋文帝杨坚就是李渊的亲姨父，皇帝姨父和姨妈不仅喜欢李渊，还把他和比他小 3 岁的杨广，也就是后来的隋炀帝一起放养。

李渊从小在皇族里混得不缺钱也不缺爱，年纪轻轻就给隋文帝当贴身保镖，成年后又在首都附近当官，还做过战略要地的郡守。

后来他调回朝廷，担任的都是重要官职。在官场混久了，李渊性格沉稳、心胸宽广，有钱的、没钱的都喜欢跟他玩。

李渊的表弟隋炀帝杨广登基后，战事连年，杨广又大兴土木建造东都洛阳、修筑长城和大运河。

公元 611 年，一个叫王薄的穷铁匠领着穷苦百姓们起义反隋，他有个特长是爱唱歌。

很快，全国各地的老百姓都不干了，可隋炀帝根本不在乎，还想继续打仗。

外界农民起义，而朝廷内部的一些贵族也趁乱起兵割据。隋炀帝这时才慌了！他不得不怀疑出身高贵、人气超高的大表哥李渊。

隋炀帝对李渊的怀疑越来越深,有一次他命令李渊来跟自己吃饭,李渊没来。李渊的外甥女王氏是隋炀帝的妃子,赶紧帮忙解释。

李渊知道自己被怀疑了,故意在家吃喝玩乐,把自己伪装成一个"废物"。

但这时,不知从哪儿流传出一句话:杨氏将灭,李氏将兴。隋朝姓李的多了去了。隋炀帝经过一番精心盲选,把大贵族李穆一家满门抄斩。

曾经有手下劝说李渊要早做打算,但李渊一直静静等待。

当时隋朝的国界常年遭到突厥的侵扰，于是李渊被调到山西太原镇守边防。

见李渊这么能打仗，隋炀帝便把他升为"太原留守"，是整个太原的最高行政长官。

当时农民起义的烽火已经燃遍全国，李渊表面上为隋朝镇压农民起义，实际是为自己招兵买马。

李渊的大儿子李建成、二儿子李世民都有勇有谋，他们偷偷结交能人志士。

但隋炀帝也不是傻子，为了防止李渊造反，他派出两个大臣：高君雅和王威，前来监视李渊。

可李渊还没出手呢，他管辖下的校尉刘武周居然在马邑（今山西省朔州市）造反了，还把李渊打了个大败，隋炀帝知道后非常愤怒。

李渊非常害怕，自己和整个家族的命运已经到了危急关头。众人皆劝说李渊。

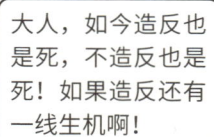

隋炀帝一会儿一个样，又要李渊继续镇守晋阳，戴罪立功。但此时的李渊已经下定决心。

计划第一步：搅浑水！

李渊伪造了隋炀帝的诏书，谎称又要征兵打仗，弄得百姓人心惶惶。

计划第二步：稳住后方！

手下刘文静建议李渊和突厥结交，购买突厥的兵马来壮大自己的兵力。

计划第三步：除掉眼线！

李渊逮捕了隋炀帝安插在自己身边的王威和高君雅，还拿出他们勾结突厥的证据，拉出去斩首了。

因为全国各地都在反隋，隋炀帝所在的江都（今江苏省扬州市）已经被孤立了。

现在正是天时、地利、人和的时候，李渊把起兵的消息一群发，李家人纷纷响应。

李氏家族个个骁勇善战，李渊进军神速，很快占领首都长安。当时身边的文臣武将请李渊称帝。但李渊却让隋炀帝的小孙子杨侑登基，史称隋恭帝，隋炀帝变成了太上皇。

年幼的隋恭帝只是李渊的工具，国家大事小事其实都由李渊掌管。

公元 618 年 3 月，隋炀帝杨广见天下大乱，干脆破罐子破摔，纵情享乐。

但很快，他在江都之变中被禁军将领杀死。隋炀帝一死，李渊开始了"升职三级跳"。这一年的 6 月，隋恭帝将皇位"禅让"给李渊。李渊正式登基做了皇帝，改国号为唐，他就是唐高祖。

虽然李渊建立了唐朝，但当时全国尚未统一，起义军四处征战，隋朝残余将领割据各地。

当了皇帝身价暴涨，不方便亲自打仗了。眼下到处战乱，该怎么办呢？

平定战乱的重担落在一位天之骄子身上，他就是少年英雄李世民。

老爸！统一天下的重任让我来！

帝王家庭小剧场

雀屏中选

　　李渊靠射箭娶到了好老婆窦氏。窦氏是北周武帝的外甥女,从小就是妥妥的白富美,追求者排队能排到城门口。她父亲就在屏风上画了只孔雀,只要射箭射中孔雀的眼睛就能娶到她。李渊一箭射中,娶到了窦氏。

阿婆面

　　隋炀帝杨广从小就是个大帅哥。仗着比大表哥李渊帅,就给李渊起外号叫"阿婆面"。李渊回到家后超级不开心!窦氏安慰他,"阿婆"为"堂主"之意,就是厅堂的一家之主,或许以后会做"唐主"。果然日后李渊灭掉了隋朝,建立了唐朝。

李世民是李渊和窦氏生的第二个儿子。上有大哥李建成，下有弟弟李元吉、李玄霸。李世民4岁的时候，遇到一个算命先生。

出身军事之家的李世民不仅继承了父亲李渊的军事天赋，还遗传了母亲窦氏的文学天赋，简直是又聪明又努力。

少年英雄李世民刚18岁，就能带领千军万马突围。

有一次救了表叔隋炀帝杨广于乱军之中。这让少年李世民一战成名。

李渊在筹划反隋的时候,让儿子们多多结交乱世英雄豪杰。李世民出身高贵,而且很舍得给兄弟花钱,身边总是有一大票追随者。

李渊起兵反隋后,李世民四处征战,大败隋军攻下洛阳,立下赫赫战功。李世民治军有方,军纪严明,善待百姓,礼待英雄,每天都有很多人来投奔李世民。

有这么个能干的儿子,李渊可高兴坏了。

为了鼓励李世民,李渊甚至许下诺言,日后让李世民当太子。

公元618年,李渊接受傀儡小皇帝隋恭帝的"禅让",正式登基,建立了唐朝。但李渊按照规矩,册封了嫡长子李建成为太子,李世民只被封了秦王。

李渊当上皇帝后，不方便再御驾亲征，李建成要留在长安处理政务。平定战乱的重任又落在了李世民的肩上。

李世民花了7年时间征战四方，只为建立一个统一的大唐帝国。他最先打败割据山西自称皇帝的刘武周，巩固了唐朝的北方，再把在甘肃兰州称帝的薛举军队全部消灭，稳定了唐朝的西部。

公元621年，李世民率领唐军打了一场大胜仗——虎牢关之战，消灭了占据河南称帝的王世充和霸占河北号称"长乐王"的窦建德势力。

接下来李世民出兵江南,平定了割据的军阀和各路起义军,终于统一了大唐天下,而李世民也成了当之无愧的大唐"战神"。

他的风头甚至盖过了父亲李渊和大哥李建成,甚至有史书评价说,其实大唐的江山都是他打下来的。

李世民战功赫赫,老爸李渊封给了他前所未有的"天策上将"封号。

大哥李建成虽然也有军事才能,但威望越来越不如二弟李世民。

李世民实在是太优秀了,哥哥李建成为了保住太子位,便拉拢老四李元吉,想办法排挤李世民。李世民也不是吃素的,于是一场继承人争夺战拉开序幕。

李建成使出第一招：枕边风！
他贿赂后妃们给老爸李渊吹枕边风，让李渊疏远李世民。

李建成使出第二招：交通事故！
在打猎的时候，李建成把一匹烈马让给李世民，搞得李世民坠马3次。

结果这话被李建成告知妃子，妃子打了小报告。

李渊越来越不信任李世民，只把他当成打仗的工具。

李建成又使出第三招：下毒！

李建成约李世民吃夜宵时，在他酒中下毒。

这事被李渊知道后痛骂了李建成。

两个儿子不和睦，但手心手背都是肉，当爹的也很难做啊！

李建成又使出了打小报告一招。把李渊气得收回成命。

李建成和李元吉企图用钱财收买李世民手下的武将们,又把李世民的智囊房玄龄、杜如晦赶走。

边关战事告急,李建成推荐李元吉去平乱,调走了李世民的精锐部队。身边没有智囊,手下又没有军队,这下李世民要变成光杆司令了!

唯一留下的智囊团成员长孙无忌觉得李世民不能再等下去了。

> 殿下！先下手为强！后下手遭殃啊！

> 难道真的要跟兄弟兵戎相见了吗？我下不了手啊！

长孙无忌

但是，李世民很快改变了主意，他接到线人的通风报信。

> 什么？李建成和李元吉竟然已经计划暗杀我！

> 哼！果然不出我所料！

表面　内心

李世民看似一直是个受气包，但他的招数其实更为致命！他将自己的亲信常何安插在李建成手下，同时宫里的禁军已经被李世民收买。

常何

> 我们生是世民的小可爱，死是世民的小鬼怪！

李世民又将李建成、李元吉打算谋害自己的事告诉老爸李渊，还顺便打了一堆小报告。

气死我啦！让李建成他俩明天进宫给我说明白！

后宫妃子赶紧向李建成通风报信。

我们还是请病假别去了！

不怕！禁卫总领也是我的人，我们这次要亲自去打探父皇的意思！

但此时，防守宫城北门玄武门的常何，已经给李世民通风报信。

×&%￥#@……。

收到！

公元 626 年 7 月 2 日，李建成和李元吉进宫经过玄武门。

然而，此时李世民早已率领亲信将领在玄武门设下埋伏，等待李建成和李元吉的是李世民的弓箭。

这就是历史上著名的玄武门之变。

而此时，李渊正在湖上泛舟。李世民让尉迟恭入宫护驾。

太子和齐王作乱，已经被秦王诛杀了。我奉命来保护陛下安全。

这一天终于还是来了，现在该咋办？

大臣们见风使舵，纷纷说起李世民的好话，推荐立李世民为太子。

就这么定吧！立世民为太子，也是我素来的心愿。

以后国家大事小事都由你处理，定期跟我汇报就行了。

公元 626 年 7 月 5 日，玄武门之变三天后，李渊立秦王李世民为皇太子。不久，李世民正式登基，并且大赦天下，大唐开启了第一波盛世李世民时代。

李世民打了这么多年仗，深知百姓生活的不易，也知道正是隋炀帝不善待百姓才导致隋朝的灭亡。因此李世民特别重视农业生产。

人民力量这么大，应该多种田搞生产，比打仗有意思多了！

于是李世民在全国推行均田制，朝廷还奖励开荒，一时间全国农民种地热情高涨。

均田制就是给国家的土地制定两种套餐，套餐一是把土地借给你种。

套餐二是把土地送给你种。

均田制促进了粮食产量增长，老百姓们有地种、有饭吃，终于过上了安居乐业的生活。

咱老百姓今儿真高兴！

百姓有了收成，国家税收就有了保证，于是李世民又推行了租庸调制。

每年每丁要上缴一定量的谷物，叫"租"。

租

国家若不需要人服役，则缴纳一定数量的绢或布匹代替徭役，这称作"庸"。

庸

男丁随乡土所产而纳，每户每年缴纳一定量的绢、麻或布匹，而且是必须要交的，称作"调"。

调

两个制度既保证了百姓们的农耕生产，又大大保障了国家税收。

打啥仗啊，累了，回家种地去！

天下太平了，我就喜欢老婆孩子热炕头的生活！

李世民提倡商业大发展，为了保障往来商人们的平安，在中外交流的陆上丝绸之路建立了4个军事重镇。

> 出门在外不用怕，大唐治安好得不像话！

强大的大唐皇帝李世民，被回纥（hé）等族拥戴为"天可汗"，成为这一区域的最高首领。

各族甚至还修建了一条"参天可汗道"。

> 从今以后这条路是我们前去孝敬天可汗的高速公路！驾！

李世民还是一个文学青年,当年他还是秦王的时候就建立了文学馆。现在当了皇帝,加强了国子监的规模,相当于国立大学,每年招生数万人,还接收来自大食、新罗、日本的留学生。

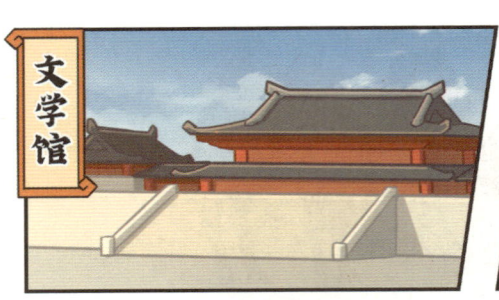

李世民还深刻吸取隋炀帝不听劝谏的教训,鼓励大臣们给自己多多提建议。

唐太宗李世民在位期间,朝廷政治清明,百姓安居乐业,大唐文化开放包容,这样的盛世景象被称为"贞观之治"。

但这位明君怎么也想不到,皇位传到他儿子的时候,这个国家差点儿就不姓李了。

帝王家庭小剧场

朝服进谏

还记得李世民鼓励大臣吐槽自己吗？其实他脾气没那么好。

气死我啦！

是谁惹你了？

我要干掉魏征这个乡巴佬！他居然又在朝堂上当面吐槽我！

皇上等一下。

咦？老婆，你大晚上穿这么正式干什么？

我听说君主开明则臣下正直，如今魏征正直敢言，是因为陛下您开明治国啊！

还是老婆会说话！

李治　武则天

第三章 二圣临朝

初唐篇

都说打江山容易，守江山难。一生英明神武的李世民就怕这辈子好不容易打下来的江山，葬送在自己的熊孩子手里。

因为他的儿子们没一个让他省心的。李世民悉心栽培的太子李承乾居然谋反！

> 老子还在喘气儿呢！你竟敢谋反！给我滚去种地！

李承乾

四儿子李泰非常聪明，但是心狠手辣，李世民也把他贬了。

李泰
> 老爸放心！我要是当了皇帝，就把儿子杀了，以后把皇位传给兄弟们！

> 你你你！还是人吗！

在李世民的儿子之中，最小的儿子李治是李世民的心肝宝贝！当年李治的母亲长孙皇后去世时李治才9岁，他在葬礼上哭得非常伤心。

李治
> 儿子不哭不哭，你还有爸爸！

从此李世民把李治接到自己的寝宫住，亲自抚养他。一代帝王变身超级奶爸。直到李治长大，李世民还舍不得让他去到自己的封地。

甚至在打仗的时候，李世民一收到李治的家书，就感动得稀里哗啦。

公元643年，李世民立李治为太子，李世民每天带着李治上朝，教他如何处理国家大事。

李世民到晚年的时候，早年打仗时落下的伤病复发了。李治白天处理国事，晚上亲自照料李世民。

> 太子殿下快醒醒！上朝要迟到了！
> 我再睡5分钟，就5分钟……

一天，李治遇到了前来帮忙一起照顾李世民的一位漂亮小姐姐，她就是日后差点儿改变了大唐江山的武则天。

> 糟糕，是心动的感觉！

武则天出身贵族家庭，从小漂亮出了名，14岁就进了宫，被李世民封为才人，赐号"武媚"。

武则天 武媚

第三章 二圣临朝

但李世民的后宫有十几位嫔妃，才人只是级别最低的女官！而且李世民还不喜欢她。她在后宫待了12年还是才人，连出头之日都没有。

还以为入宫就能从此走上人生巅峰呢！

李世民生病后，李治开始代理国政。李世民对李治这个宝贝儿子一百个不放心，便为他组建了"治国安邦全明星阵容"。

喀喀！这些老臣都是跟着朕一刀一枪打天下的，非常靠谱！

爸爸，我只希望你好起来！

李世民还把自己当皇帝的毕生心血，总结成《帝范》留给李治。

这是老爸的工作日记，传给你。

爸爸！你一定会好起来的！

最终，李世民的病没有好转，在公元 649 年 7 月驾崩，享年 51 岁。而后，李治正式登基为皇帝，史称唐高宗。

李治登基后，他手下的满朝元老都是跟着自己老爸打天下的老臣，这帮老家伙把他管得死死的。

陛下，我觉得这样才对！

我认为这样更好！

而在李治的后宫，强势的王皇后和泼辣的萧淑妃争风吃醋，两个女人都来自名门望族，谁都惹不起。

陛下，她说的都是错的！

陛下，我才是对的！

王皇后

萧淑妃

员工不听我的，老婆也不听我的！这皇帝当得就像吉祥物！

第三章 二圣临朝

此时，同样郁闷的，还有一个人：武则天。唐太宗去世后，她作为前朝妃子，又无儿无女，只能被送到感业寺出家当尼姑。

> 我的命真的好苦啊！

> 我的命真的好苦啊！

当年武则天还是才人的时候，李治就见过她，当时还是太子的李治对这个小姐姐印象深刻。心情郁闷的李治到感业寺上香再次遇到武则天。

终于，武则天命运的转机来了！

正在努力宫斗的王皇后知道李治喜欢武则天，干脆做个顺水人情，把武则天送进宫，用来分散情敌萧淑妃的火力。

> 咱姐俩共同的对手是萧淑妃，你一定要好好表现哦！

> 一切都听姐姐的！

041

于是，武则天第二次进宫，开启了她升级打怪的人生。李治非常喜欢她，武则天很快就生下了一个小公主。

这下王皇后傻了眼，面对新的敌人，她立刻选择和曾经的敌人萧淑妃联手。

姐妹，敌人的敌人就是朋友！为我们的塑料友谊干一杯！

李治喜欢的不仅仅是武则天的美貌，还有她的才能，所以李治根本不相信王皇后和萧淑妃的谗言。

武媚娘就是个小狐狸精！

不听不听！

史书《新唐书》中说，王皇后因为心生妒忌，居然杀掉了武则天刚出生的女儿。但还有另一种观点，说是武则天心狠手辣，为了上位自己杀死女儿，嫁祸于王皇后。但无论真相如何，李治确实疏远了王皇后和萧淑妃。

皇上！！

第三章　二圣临朝

最终李治不顾长孙无忌等大臣的强烈反对，坚决废掉王皇后，改立武则天为皇后。

> 终于登上了人生巅峰！

但李治真正的目的怎么可能只是爱情呢？

在朝堂上，李治把反对废后最强烈的大臣长孙无忌、褚遂良贬官流放。这一下子，朝廷和后宫都消停了，谁也不敢对皇上说一个不字。李治终于完全掌握了大唐的政权。

> 再也不用听这帮老家伙的摆布了，从今天起朕要做个出色的皇帝！

李治把唐太宗制定的三天一上朝改成了一天一上朝，简直是劳动模范。

> 天天要上班！连双休都没有！嘤嘤嘤！

043

在治国方面，李治是一个有雄才大略的君主。他的治理风格很有李世民当年的风范。

> 陛下，大家都夸您的治国风格是"贞观遗风"啊！

> 胡说八道！难道我不能超越我爸爸吗？！

李治个人不会打仗，但他派出大将横扫西域，完成了李世民一生的夙愿，使当时的国土总面积达到整个大唐的巅峰，成为东亚大陆上威名远扬的强盛帝国。

> 老爸，我把你给的本钱翻了一番啊！优不优秀？！

> 我儿子最棒！

李治在位时期大唐经济持续发展，人口增长，长安城已经成为当时世界上最著名的大都市。

第三章 二圣临朝

李治是个超级工作狂，但是他身体不太好，经常头晕目眩。于是他一手培养起了贤内助武则天。武则天开始为李治处理国家大事小情，施展她的政治才能。

> 阿武长得漂亮，又有治国才能，我要把她培养成我最好的帮手！！

但是武则天的野心绝不仅仅是做皇后，她开始培养自己的政治势力。

培养势力

李治看到武则天越来越强大，竟然到了能牵制自己的地步。于是大臣上官仪偷偷劝李治废掉皇后。

> 老婆越来越强大，朕的家庭地位不保啊！

> 陛下，让我来给您起草废后诏书吧！

上官仪

没想到这事被武则天知道了。她不仅狠狠地把李治说了一通，事后还把上官仪一家杀了。

> 哎呀！老婆我没有那个意思，都是那上官仪让我这么做的。

045

这之后，李治的身体越来越不好，武则天趁机垂帘听政，直接在朝堂上为李治处理大事小情。

李治还采纳武则天的建议，自己不叫皇帝，而改为"天皇"，武则天则称为"天后"。二人当朝的场景史称"二圣临朝"。

李治到了中年疾病缠身，最终在公元683年驾崩，享年56岁。但李治没想到，他死后，儿子李显的皇位还没坐热，武则天就准备登上权力顶峰了。

太子李显即位，没什么经验，以后国家大事都请天后来处理吧！

儿子不争气，这个国家还得靠你老妈！

帝王家庭小剧场

建言十二事

　　武则天是一位有真才实学的女政治家。她为李治处理大小政事时期，曾写下著名的《建言十二事》。这十二条富国强民的政策，赢得了广大百姓和官员们的支持拥戴。李治也更离不开武则天的政治头脑。

> 阿武真是朕的贤内助！

> 天后最棒！

> 天后真厉害！

巾帼宰相

　　武则天杀伐果断，但非常有用人的眼光。她最宠爱和重用的女官——上官婉儿，就是她曾经的政敌上官仪的亲孙女。武则天看中了上官婉儿的才能，亲自提拔和栽培她，使上官婉儿成为大唐的"巾帼宰相"。

武则天

第四章　千古女帝

初唐篇

唐高宗李治晚年疾病缠身，在处理国家政事上非常依赖武则天。

这让武则天有机会逐渐成长为一位杰出的女政治家，朝廷上有很多大臣都是她一手提拔的。

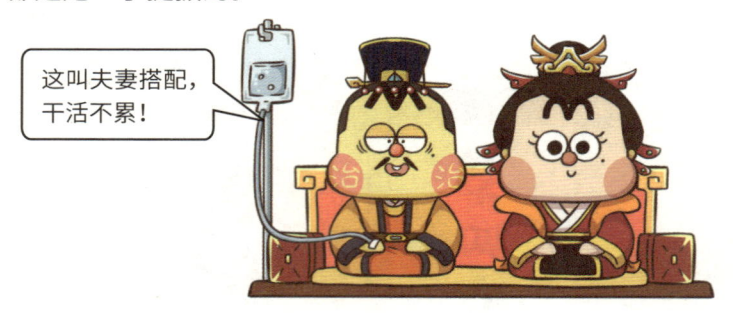

> 这叫夫妻搭配，干活不累！

她不仅工作做得好，还是一位当之无愧的"虎妈"！武则天一共给唐高宗李治生了四个儿子：李弘、李贤、李显、李旦。

夫妇俩最优秀、最喜爱的是大儿子李弘。其他三个儿子都活在大哥李弘的阴影下。

> 宝贝儿子性格最像我！

> 爸爸妈妈给你请最好的老师、上最好的课！

太子李弘继承了李治仁慈的性格，从 6 岁起就被培养处理国家政事，是李治最理想的接班人。

随着年龄渐长，太子李弘有自己的主张，在政治上并不听从武则天。

可惜的是，李弘从小身体不好，才 24 岁就病死了。高宗只好立二儿子李贤当太子。李贤是个健康阳光又聪明的皇子。

但李贤的人品不太好。身为太子不仅花天酒地，还把自己卷进了命案。

> 好你个李贤！居然惹出命案！赶快给我滚蛋！！

> 妈妈！妈妈饶命啊！！

没办法，李治又立了三儿子李显当太子。但是李显从小没有受过严格的太子教育，既不聪明，也不努力，让李治非常失望。

> 唉，这个老三有些愚钝，性格也不像我……

> 李显

> 不能让这么无能的人接班！

但李显还是有一点很像李治……

> 爸爸，我跟你一样怕老婆！

唐高宗李治去世后，太子李显登基，史称唐中宗。

虽然做了皇帝，但李显非常惧怕老妈武则天的政治势力，因为满朝文武几乎都是她的人。

李显立刻提拔自己的岳父韦玄贞，希望岳父大人能助自己一臂之力。

好女婿别怕！

岳父大人只要能帮助我，我连天下都可以给你！

韦玄贞

这个操作不仅让大臣们惊掉下巴，也彻底惹怒了武则天。

好你个败家子！敢联合外人来对抗你老妈！皇帝别当了！

妈妈！饶命啊！！

于是李显当皇帝不到两个月，就被武则天废掉，贬到湖北，软禁起来。

武则天又把目光放在自己的小儿子李旦头上。

> 宝贝，想不想当皇帝？

> 妈妈，我只想活着……

李旦

在公元684年，武则天改立小儿子李旦为皇帝。但武则天对权力的野心越来越大。她身为太后，却在朝堂上替皇帝裁决一切国家大事。

> 这事儿就这么做！谁敢不同意？

> 好好好，都听妈妈的，妈妈最正确！

但不久，李旦居然也被武则天软禁了。

> 儿子，你在屋子里好好学习吧！不许出来哦！

> 连上厕所都不行吗？嘤嘤嘤！

眼看武则天就要一手遮天，当时的文臣武将纷纷抗议，要求武则天把政权还给李旦。

> 自古哪有女人当政的？

> 来人，拖下去！杀！

除了朝廷大臣，还有很多李唐皇室子孙，纷纷起兵反对武则天。

> 这可是李家的江山！！怎能落到一个姓武的手里！！

> 哼！你们也活腻了吗？！

李唐宗室里反对武则天的，被她屠杀殆尽，只留下了少数自己的亲信。

身为皇帝的李旦看到血流成河的政治斗争，满心想着怎么多活几天。

妈妈！你知道我没本事，这国家还得您来管啊！

你小子觉悟很高嘛！那你就继续好好学习吧！

李旦把权力拱手相让，并强烈呼吁武则天称帝，武则天把李旦降为皇太子。此时，朝廷里还活着的文武百官已经没有人敢说什么了。

终于是时候了！

第四章　千古女帝

公元690年，武则天登基，自封为"圣神皇帝"，改国号为周，定都洛阳。这年，武则天66岁，她成了中国历史上唯一一位女皇帝。

圣神皇帝

姐就是女皇，自信放光芒！

武则天治理国家很有一套，她颁布法令促进国家农业和经济的发展，招募农学家推广先进的生产技术。

乡亲们，这是朝廷最新颁发的先进生产技术手册！

给俺一本种田手册！

俺要养猪手册！

武则天还为国家选拔人才，大兴科举制，成绩优秀的人可以破格录用。还开创武举，选拔武官将军。

我好好读书，你好好健身，我们都能出人头地！

好嘞！！

但是由于武则天严苛的治国手段形成了可怕的酷吏政治，朝廷内部互相告密揭发，许多朝廷栋梁惨遭迫害。

我举报他！

我举报他！

我举报他！

那就都拿下吧！

公元705年，站在权力之巅的武则天已经当了15年的皇帝。这年，已经81岁高龄的她生了一场重病。

唉！老娘这么优秀，谁配当我的接班人呢？

李唐宗室一个个战战兢兢，而大权在握的武家贵族，对皇位更是虎视眈眈。

李家 VS 武家

第四章　千古女帝

此时，一代贤相狄仁杰规劝武则天，她偷偷做了个决定，把流放在外14年的三儿子李显接了回来。

陛下，只有亲儿子以后才会给您烧香啊！

有道理啊！

狄仁杰

武则天把李旦的皇太子位让给了李显。

你知道三哥这些年过的是什么日子吗？！嘤嘤嘤！

三哥！这个太子谁爱当谁当吧！

李显再度成为太子，让大臣们看到光复李唐王朝的曙光！

早就受够了这杀人如麻的女魔头了！

宰相张柬之率领禁军冲入皇宫，逼武则天让位给了李显。这一事件被称为"神龙政变"。

罢了罢了，退休吧！

武则天退位几个月后，就因病去世了。她最终以皇后的身份和她一生的真爱唐高宗李治合葬在一起。

武则天的陵墓前是一块高大的无字碑，有人说这是她想让自己一生的功过都由后人评说。

嘿嘿！姐的一生，比你想象的更精彩！

帝王家庭小剧场

唐太子男团

武则天为李治生了4个儿子，这4个儿子都做过皇太子，简直是"唐太子男团"。

但在虎妈武则天手下当太子实在是太惨了。

> 别人都以为我们是唐太子男团，其实我们是淘汰者男团……

淘汰者男团

李显

第五章 平庸之主

初唐篇

"神龙政变"后武则天退位,之前被从皇帝位子上赶下来的李显终于再次登基。但是,如今的李显已经彻底改变了。当年被流放时,他还是个年轻力壮的皇子,现在他只是个胆小懦弱的中年油腻男。

一直以来,李显在虎妈武则天的手底下过得胆战心惊。在被废黜流放的日子里,每当武则天的使者来看他,他都吓得要死。

如今,李显重新登上帝国巅峰。

第五章 平庸之主

可李显放眼望去,流放归来的自己却成了一个光杆司令!

> 离开朝廷太久,现在没有一个大臣是我眼熟的,这帮人根本不听我的!

> 哟!换了个新皇帝呀!

弟弟李旦也当过皇帝,朝廷里还有很多支持他的大臣。妹妹太平公主虽然是个女人,却是长安首屈一指的富豪。

> 三哥,我对皇位没兴趣,我回家专心养孩子了!

> 三哥,你好好干,妹妹我只想一心搞钱!

太平公主

> 我一没人、二没钱,这个皇帝可怎么当啊!嘤嘤嘤!

此时一个声音让李显看到了希望。

> 不,陛下,您还有我呀!

李显走上了和爸爸李治同样的治国道路——依靠老婆。

> 爸爸,我向您学习,要把老婆韦氏培养成贤内助。

> 呸!韦氏怎能跟我的阿武宝贝相提并论啊!

这些年来,李显唯一的依靠就是妻子韦氏。在被流放的日子里,这对患难夫妻建立了深厚的感情。

> 老婆,我发誓,有朝一日当了皇帝,一定让你为所欲为!

> 殿下别怕,有我保护你。

第五章 平庸之主

李显登基后，把韦氏立为皇后。

"陛下还记得当年的誓言吗？"

"当然，不就是为所欲为吗！"

如今韦皇后心里最大的愿望竟然是——成为像婆婆武则天那样的女人！

武则天

"从今天起，我也要垂帘听政！"

于是朝廷上又出现了皇后垂帘听政的景象。

"刚把武则天赶走……"

"怎么又来个女人当政啊！"

067

李显和韦皇后为了稳固自己在朝廷的位置，竟然拉拢武则天的侄子武三思，希望得到武家贵族的支持。

武三思得到李显的支持，马上出手把"神龙政变"中赶武则天下台的大臣们都踢出了朝廷。

与此同时，李显还将武则天最宠爱的女官——上官婉儿，册封为自己的妃子，为自己增加政治势力。

有了充足的政治势力，韦皇后的政治野心继续膨胀。

韦皇后要让朝中都是自己的人，她除掉反对自己的大臣，甚至将官职定价出售。

安乐公主看到老妈韦皇后的操作后也开始卖官鬻（yù）爵。她把官员任命书拿给李显时，故意掩盖一半。

李显睁一只眼闭一只眼，只希望老婆和女儿开心就好。当时李显立儿子李重俊为太子。

> 虽然你不是皇后生的，但你是个好孩子。

李重俊

可安乐公主得寸进尺，居然要求李显废掉太子，立自己为皇太女。

> 爸爸！奶奶都可以当皇帝，我是皇后亲生的，我要做皇太女！

> 这个……这个不太好吧！

> 你们等着瞧！

看到韦皇后和安乐公主扰乱朝政，太子李重俊很有危机感。他一不做二不休，先率军杀死了武三思父子，还要冲进宫干掉老爸李显和韦皇后。

> 人有多大胆，地有多大产！不行搏一搏，单车变摩托！

> 冲啊！！

第五章 平庸之主

但李重俊很傻很天真，兵变很快失败了，他在逃亡路上被部下杀死。

朝中没了太子，韦皇后开始趁机营销自己，声称自己的裙上出现五彩祥云。

陛下，看来臣妾本就是天命不凡啊！

又在大臣和民间传播歌颂自己的歌谣。

陛下，你看臣妾的粉丝这么多！

眼看韦皇后就要一手遮天，满朝文武对李显非常失望。这时，一个忠心耿耿的大臣——燕钦融站了出来，冒死向李显进言。

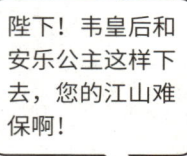

> 陛下！韦皇后和安乐公主这样下去，您的江山难保啊！

> 燕钦融

> 什么？！

不幸的是，燕钦融刚说完，还没离开皇宫就被韦皇后的人杀害了。这下，李显彻底清醒了。

> 搞不好未来被干掉的，就会是我……

此后，李显对韦皇后和安乐公主的态度就变了。

> 你们娘儿俩收敛点！不要再插手政事，也不许再乱花钱了！

> 你……你居然凶我们！

韦皇后和安乐公主隐隐感到了危机。

> 爸爸不会要废掉我们吧！嘤嘤嘤！

> 绝对不会的！

第五章　平庸之主

韦皇后一直在朝廷树立自己的势力和威望。但李显身体倍儿棒，自己什么时候才能当女皇啊？

> 我有个计划，成功之后，我当女皇，你做皇太女！

> 妈妈，你难道想……

这天，韦皇后和安乐公主将一碗汤饼端到李显面前。

> 陛下工作辛苦了，这是我亲手给您做的！

> 哇！好久没有品尝老婆的手艺了！

然而，李显万万没想到，眼前这两个他最宠爱的家人，竟然在汤饼中下了毒！

李显暴毙，终年 55 岁。他这一生仅仅当了五年的皇帝。

此时，韦皇后不但隐瞒了李显身亡的消息，还派大军镇守长安，把军权牢牢地掌握在自己手中。

> 此时做女皇为时尚早，我们可以这样……

073

韦皇后联合上官婉儿、太平公主，组成大唐最有权势女子三人团，一起伪造了天子遗诏。

先帝立 16 岁的儿子李重茂为皇帝，由韦皇后垂帘听政，相王李旦辅佐。

成团出道

李旦就是曾经被武则天推上皇位又拉下皇位的小儿子，如今被封为相王，专心在家练字养孩子。

放我回家！我还得接儿子放学呢！

此时，大权独揽的韦皇后距离皇位仅一步之遥。但她终究想错了。

这么多年的算计终究是错付了！

先皇李显去世还不到半个月，一位有勇有谋的年轻人站了出来，将这混乱的时局一举打破！他就是相王李旦的三儿子、临淄王——李隆基。

李隆基

帝王家庭小剧场

六味帝皇丸

广大历史爱好者，送李显一个外号"六味帝皇丸"。

六味帝皇丸

因为他父亲李治是皇帝、他母亲武则天是皇帝、他弟弟李旦是皇帝、他儿子李重茂是皇帝、他侄子李隆基也是皇帝，最后加上他自己正好是六个皇帝，妥妥的"六味帝皇丸"啊！

李旦

第六章 睿宗复辟

初唐篇

话说，这些年韦皇后和安乐公主把李唐江山祸祸得够呛，搞得李唐宗室都只能低调做人。

这段时间，曾经当过皇帝又被撸下来的相王李旦，自个儿宅在家当奶爸，心思都花在教育 5 个宝贝儿子上。

这 5 个儿子各有所长，但其中最有谋略、最有才华的，当数三儿子——李隆基。

但生在帝王家，难免陷入宫廷斗争的旋涡。李隆基才5岁时，他的母亲窦德妃被武则天手下的女官诬陷致死，连尸骨都找不到。

所以李隆基从小就养成了坚毅果敢、深藏不露的性格，很有曾祖父李世民当年的风范。

李隆基还是7岁小孩的时候就霸气外露。有一次他带着自己的护卫队上朝，遇到了武则天的远房亲戚——将军武懿宗。

李隆基却当街把武懿宗骂得哑口无言。

这是我李家的朝堂，关你屁事！

噗！！

这事被武则天知道后，竟然特别宠爱这个小孙子。

哈哈哈！那可是我的亲孙子！谁让你惹他！

姑妈，你竟然胳膊肘往外拐！嘤嘤嘤！

英武果敢的李隆基一直是李唐宗室中最被看好的潜力股。直到李隆基26岁这年，他的伯伯唐中宗李显死得不明不白，韦皇后就要一手遮天。

呵呵！我的时机到了！

天赐良机

第六章　睿宗复辟

李隆基首先需要的是人马！李隆基冲到骑兵营里，动员大家一起守护大唐，将士们群情激奋。

> 兄弟们！我们——
> 小王爷不用说了！咱早就受不了韦皇后了！
> 我们都跟你干！

李隆基还需要找靠山。他并没有找自己的老爸相王李旦，因为他知道老爸是个佛系王爷。

> 哎呀！为什么要打打杀杀呢！

李隆基找到的是他的姑姑太平公主。她如今是李家在朝中最有权势和谋略的人，深得武则天的真传。

> 姑姑，您可是咱李家的人，咱们一起干掉韦皇后！
> 呵，老娘早就想撕她了！

081

太平公主为李隆基制订了一个完美的政变计划。这一天夜里,距离玄武门之变 84 年后,又有一场政变在玄武门发生。

韦皇后还沉浸在她的女皇梦里。李隆基和他率领的将士冲进皇宫,将韦皇后、安乐公主和她的党羽全部铲除。这一场残酷的政变,史称"唐隆政变"。

> 韦皇后!就是你们毒害了先帝李显!

听到风声的上官婉儿,为了保命跑来向李隆基求情。但杀伐果断的李隆基没有答应她。

> 为什么杀我!我是挺你们李家的!

> 我才不信你的鬼话!

黎明时分，结束了这一切的李隆基来到父亲李旦面前上演"苦肉计"。

爸爸对不起，我没通知你！都是他们逼我们李家的啊！嘤嘤嘤！

儿子这么做挽救了江山社稷啊！

现在皇位上坐着的还是中宗李显和韦皇后的小儿子、刚刚登基了17天的少帝李重茂。可他还是大唐王朝合法的皇帝。

让姑姑来做做你的思想工作！

李重茂

我……我什么都答应你！

在太平公主的压力下，李重茂宣布将皇位禅让给相王李旦。没想到，李旦却不想当皇帝。

哎呀！为什么要当皇帝呢！

"如果老爸不当皇帝，那我就当不成太子！全白忙活了！！"

于是李隆基每天拉着兄弟们对李旦软磨硬泡，还有太平公主从旁施压。李旦只好答应第二次登基做皇帝。

"做皇帝就做皇帝，不要扔我的小花花……"

皇位，是天下人都想登上的至高无上的宝座，但李旦却视如粪土。

哼！

当年，李旦作为唐高宗李治和武则天最小的儿子，性格谦和儒雅。皇位本轮不到李旦继承，他就一直过着淡泊安逸的生活。

> 我就在家每天练练字，浇浇花！

但随着母亲武则天政治势力的崛起，皇子们被接连推上皇位。最终连李旦也逃不过成为武则天的傀儡皇帝。

当初李旦第一次登基后，和妃子、孩子们一起被武则天软禁在宫里，每天提心吊胆。

> 别怕，我们一家人只要活着就好。

但皇宫里杀机四伏。一天，李旦的两个妃子被武则天的女官陷害，不明不白地失踪了，再也没有回到李旦和皇子们身边。

有两个大臣来看望李旦。

陛下，现在外头血雨腥风。

陛下要保重龙体啊！

但他们看望李旦没有经过武则天的同意，居然被扣上"谋反"的罪名，在回家路上就被杀害了。

"皇帝"这个身份让李旦一直承受着莫大的压力。

> 我的妻子、大臣都因我而死啊!

除了来自女皇老妈的压力,其他武家贵族更是把李旦视为眼中钉。尤其是武则天最得宠的侄子武承嗣。

> 只要弄死李旦,我就是太子!就是未来的皇帝!

于是武承嗣三番两次诬告李旦谋反。武则天信以为真,派出最残忍的酷吏来俊臣调查李旦和他身边的侍从。

> 快认了吧,不然我让你们都尝尝最新的十八般酷刑!

但这时，有一个卑微的乐工站了出来，用生命证明李旦的清白。他叫安金藏。

我能证明殿下是清白的！不信我把心挖出来给你们看！

安金藏

安金藏的举动让心狠手辣的武则天都肃然起敬。

看来李旦是真被冤枉的。安金藏怎么样了？

已经抢救过来了！

如今，李旦再次登上皇位，为感激当年安金藏的舍身相救，封他做了将军。

将军

第六章　睿宗复辟

李旦终于没有了老妈武则天的压迫，但他又被夹在了太平公主和李隆基中间。

> 当皇上好累，我要小花花！

虽然太平公主和李隆基在唐隆政变中合作愉快，但太平公主深知这个有勇有谋的侄子日后必定是她强大的对手。朝廷中，老派的大臣们纷纷站在太平公主这边。

> 哼！我能揪下来一个李重茂，还怕治不了你个李隆基吗？

> 只要站在我这边，就能保住你们的荣华富贵！

另一边，一些有才能的大臣和年轻的贵族都选择投靠李隆基。

> 我们一起来建设新大唐吧！

耶！　耶！

看到这样的局面，一向爱好"合家欢"的李旦决定一碗水端平。李旦先立李隆基为太子，让国家储君赶紧确定。

虽然你不是嫡长子，但你在唐隆政变中立了大功，大唐需要你。

我不会让老爸失望的！

而李旦处理国家政事，却要先问太平公主的意见，后问李隆基。

我这太子也太没存在感了吧！

太平公主和李隆基之间的对抗愈演愈烈。为了争夺朝中权力，太平公主开始收编当年韦皇后的余党。

只要跟着公主混！

没人敢把咱整顿！

太平公主四处散布言论，让李隆基负面舆论不断。又在李隆基身边安插耳目，只要李隆基有任何过错，立刻向李旦打小报告。

李隆基从小熟悉宫斗套路，他根本不把这些小手段放眼里。

啧！这老套路我在本书第二章都看过了！

太平公主屡屡失手，干脆憋了个大招，在下朝的时候拦住宰相们的去路。

大家考虑考虑大唐和自己的前途，都离李隆基远一点儿！

这……

太平公主再去直接挑拨李隆基和李旦的关系。

你看看本月的星座运势！预示有人要带兵冲进宫造反！

幸好太平公主的计谋被李旦和大臣们识破了。一向佛系的李旦终于烦了，下令让太平公主离开长安。

一天吵吵个没完！哪儿凉快哪儿待着去！

被气疯了的太平公主跑到李隆基门前把他狠狠臭骂一顿。

听不见，气死你！

虽然太平公主人不在长安，但依然可以遥控着朝廷中的势力，她手下的大臣总是给李隆基找麻烦。李隆基只好多次求父皇接回太平公主，这波操作让李旦更喜欢李隆基了。

姑姑年事已高，只身在外我很担心啊！

你真是个孝顺的好孩子。

第六章 睿宗复辟

于是李旦又把太平公主请回了长安。

> 旅游三个月，老娘回来了！

太平公主这次回来，又开始看星座运势。

> 老哥不好了！星座运势说，马上要有新皇帝取代你了！

> 这这这……

李旦来了狠招——

> 老天爷都说朕做不了皇帝，我宣布——

> 让太子李隆基登基。我退休了！

> 什么？！

> 你说得真准啊，新皇帝真出现了！

李隆基君临天下的时刻终于到来了！但他却表现出一副慌慌张张的样子。

> 老爸怎么突然退休了？我好开心，哦不，好紧张哦！

越是高兴的时刻，李隆基越是沉着冷静，养精蓄锐。因为他心里清楚，当上皇帝后便是与太平公主的直接交锋。

公元712年9月，李旦退位为太上皇，李隆基正式登基为皇帝，史称唐玄宗。正是他，带领大唐王朝走到了盛世巅峰。

唐玄宗

帝王家庭小剧场

大唐五好家庭

唐睿宗李旦一家堪称"大唐五好家庭"。目睹了太多父子兄弟之间的残杀，李旦立志要好好教育儿子们。李旦立太子时非常犹豫。李隆基虽然在唐隆政变中立了大功，但他排行老三，又是李旦妾室生的。按照规定要立嫡长子李成器为太子，但李成器主动将太子之位让给李隆基。

> 老爸，我李成器不成器啊，太子还是送给李隆基吧！

——李成器

> 省得我担心会有第二次玄武门之变了！

多亏了李旦的家教，李隆基当了皇帝以后，和哥哥弟弟们的关系非常好。李成器去世后，李隆基还追封他为"让皇帝"，以皇帝的礼仪下葬。其他兄弟死后也追封为太子。

> 一句话，一辈子，一生情，一杯酒！

李隆基

第七章　开元盛世

盛唐篇

李隆基本以为登基当了皇帝，就能撸起袖子建设大唐。没想到，太平公主第一个跳出来捣乱。

太平公主
此路是我开，要想从此过，留下皇位来！

太平公主可不是好对付的。身为女皇武则天的宝贝亲女儿，从小耳濡目染的都是各大宫斗真人秀。

不用看了，韦皇后这种人设活不过两集！

第七章 开元盛世

太平公主经历唐隆政变干掉韦皇后之后,她对权力的欲望越来越大。她住在比皇宫还奢华的豪宅,家中奇珍异宝不计其数。

当时朝中宰相里,多数都是她的人。是她在幕后控制着朝政。

> 都给我投反对票!

> 臣反对!

> 臣也反对!

甚至连保卫皇帝的御林军都在太平公主的掌控之中。

蟑螂！啊啊啊！快来护驾！！

公主，皇上怕蟑螂，我们要救他吗？

虽然实力很强，但太平公主还是眼睁睁地看着李隆基登基了。她绝不善罢甘休，继续利用李旦牵制李隆基。

哎呀老哥！隆基还年轻！军政大权你可要抓在手里呀！

好啦好啦！佛系一点不好吗？

又在背后阴我！

在当时，武则天是全大唐女性的职场奋斗偶像。太平公主更是满脑子权力和欲望，连她的儿子们都劝不动她。

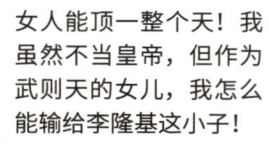

女人能顶一整个天！我虽然不当皇帝，但作为武则天的女儿，我怎么能输给李隆基这小子！

老妈，够了！咱家啥也不缺，非要那皇位干吗！

第七章 开元盛世

太平公主不想要皇位,她想要的是一个听她话的皇帝。于是她开始筹划暗杀当朝皇帝李隆基。

第一计:投毒!

太平公主当年在李隆基身边安插了不少特务。她下令让宫女在李隆基常吃的保健品里下毒。

这药闻起来怪怪的!肯定是过期了!

有毒!!

吃透中国史·唐

> 不吃没关系，我还有第二招——兵变！

太平公主和御林军将领密谋，下令御林军在李隆基上朝时冲进武德殿刺杀他。

> 遵命！

有个宰相叫魏知古，一直在宫斗中保持中立，但他听到这场刺杀计划立刻被吓坏了。

> 弑君是大罪啊！不行，我要赶紧报告皇上！

魏知古

102

第七章　开元盛世

　　李隆基得知消息之后,深知自己和姑姑太平公主的斗争已到了势不两立的地步。

> 陛下,再不动手咱们自身难保啊!

> 快把朕的宝刀拿来!

　　李隆基身边的两员大将出马,在路上干掉了御林军将领。

> 好!现在派人通知太上皇,太平公主手下的大臣蓄意谋反!

弑君谋反可是杀头的大罪，李旦接到消息，赶紧恳求李隆基放太平公主一条生路。

> 儿子，你奶奶武则天快把李家人杀光了，朕就剩这一个妹妹了呀！

太平公主和参与谋反的大臣得知事情败露后，赶紧逃离长安城。

> 可恶！赶紧换身衣服，别被人认出来！

> 我也换了身衣服！肯定没问题！

第七章　开元盛世

但太平公主明白大势已去,她躲到山里的寺庙中。3天后,她还是心灰意冷地回到了长安。

完了!全完了!

等待她的,是李隆基赐下的三尺白绫。这场事件被称为"先天政变"。

太平公主的势力从此瓦解,李旦将国家权力完全交给了李隆基。

朕终于是大唐真正的主人了!

李隆基宣布大赦天下,将年号改为开元。

终于可以建设我们美丽的大唐啦!

但现实立刻给李隆基泼了一盆冷水。

李隆基接手的大唐已是元气大伤。前朝中宗李显在位时,后宫腐败挥霍,朝廷吏治混乱,国库都要见底了。

什么!咱家五代攒下来的本钱快没了?!

第七章 开元盛世

祸不单行,这几年大唐边疆战事连连,国土越变越小。

老百姓没办法安心种地,更不愿意去服兵役。

但李隆基，这位锐意精进的年轻帝王怎么会被这个烂摊子难倒？

大招来了

李隆基在朝廷中精心挑选治国贤臣，任用姚崇、卢怀慎、宋璟、苏颋、张嘉贞、源乾曜，组成了自己的宰相班底。

我们6个就是治国666组合！！

卢怀慎　姚崇　宋璟　张嘉贞　苏颋　源乾曜

第七章 开元盛世

李隆基还把当年买官的官员一律炒鱿鱼!

> 没本事的就给我滚蛋!!

为了扭转朝廷风气,李隆基带头"炫穷",从自己开始提倡节俭。

> 皇上有旨,三品以下大臣和后宫妃子都不得佩戴金玉饰物……

李隆基还恢复了唐太宗时期的谏官制度，让大臣们积极提出治国策略。

呃！居然又有99+未读治国方针！

99 治国方针

3 欢乐一家人〔动画表情〕

为了第一时间知道老百姓的疾苦，李隆基非常重视基层官员的选拔和考察，他甚至经常亲自出题考察基层官员。

第一题

求证 CE=CF

这道题怎么做？

啊！这这这……

第七章 开元盛世

由于李隆基善于用人、虚心纳谏，朝廷内部恢复了政治清明的景象。

终于把家务事忙完，要开始收拾边疆的战乱了！

武则天执政后期政局混乱，军纪涣散，服兵役的百姓们大量逃跑。

这地方太乱了，俺要离开这里！

当时，北方的突厥、契丹，西边的吐蕃，趁着大唐军队不整侵扰边疆，导致大唐一连吃了好几年的败仗。

这样下去不行！朕需要组建一支职业的军队来守卫大唐！

111

李隆基接受了宰相张说（yuè）的建议，将唐朝一直以来的府兵制，改为募兵制。

> 以后不用兼职打仗了，想种地的都回家种地吧！想保家卫国的来这里。

建立了庞大的职业化军队，集中训练，提高大唐军队的战斗力。

> 朝廷出钱！保卫大唐！工资奖金！年假旅游！！

强大的大唐军队逐一收复失地，大唐与吐蕃等又恢复了友好往来。

"打什么仗呀，还是做买卖有意思！"

国家内外都安定了，朝廷号召百姓开辟农田，修筑大型水利灌溉工程。

辛勤的劳动人民把许多山地变成了肥沃的农田，粮食持续丰收，各地官府粮仓里的粮食堆积如山。

"民以食为天，粮以俭为先。"

开元盛世

在李隆基的辛勤治理之下，百姓安居乐业。大唐的人口高达 5000 多万。此时的大唐进入全盛时期，成为世界第一的大国，历史上称为"开元盛世"。

帝王家庭小剧场

德智体美李隆基

书法

唐朝所有的帝王中，书法写得第二好的就是李隆基！他被誉为中国书法史上著名的帝王书家之一。

音乐

李隆基极有音乐天赋，亲自演奏琵琶、羯鼓等多种乐器，还写了《霓裳羽衣曲》《小破阵乐》《春光好》等百余首乐曲。他在皇宫里开办培养音乐家、舞蹈家的"梨园"，对唐朝音乐发展有重大影响。这是后来称戏班为"梨园"的由来。

打马球

李唐皇室都爱打马球，李隆基24岁时，带着3个皇室青年对抗吐蕃使团的10人队。大获全胜，风头一时无两。

李隆基

长安一日游

第八章 盛世华章

盛唐篇

在唐玄宗李隆基的治理下，大唐出现了空前繁华的盛世景象。在欧洲还是混乱的中世纪时，大唐已经是当时世界上最强盛的国家，成了无数外国人向往的国度。

大唐都城长安，历经隋、唐两朝修建，成为世界上规模最大、建筑最宏伟、规划布局最为规范的一座超级大都市。

整个长安城是按照《易经》中"乾卦六爻（yáo）"的说法来布局规划的。大气磅礴的宫城象征北极星，位于中心。皇城和百官府邸象征环绕北极星的紫微垣，对应着神话中天帝居住的地方。而外郭城象征围绕的群星。

纵横交错的 25 条大街将全城分为东、西两市，一共 108 坊，其中蕴含着季节变化和周礼之制，处处体现着天人合一的传统文化。

长安长安，长治久安嘛！

长安城的建筑风格和规划，深深影响了周边国家。日本的平安京（京都），就是仿照长安城建造的。

设计图借我抄抄吧，大唐的房子实在太漂亮了！

长安城也是世界经济贸易中心。在皇城南部的东市、西市两个市场里，聚集了来自东南亚、中亚、西亚和非洲的许多外国商人。

> 皇宫不能随便进，那我逛逛街总可以吧！

> 哎呀！我们是老乡啊！我带你逛逛东市、西市吧！

东市是长安城的手工业生产中心，纺织坊、造纸坊、陶瓷坊，各种手工业店铺林立。

> 哇！这位大哥买这么多东西！

> 唐三彩、青瓷、丝绸，我们都是从大唐进货，然后高价卖到欧洲的！

西市的规模更大，比东市更加繁华。这里商贾云集，贸易极为繁荣，有来自各个国家的商品。

> 西市是对外贸易市场，我们外商都在西市做生意！

> 大哥快带我一起飞！

因为仰慕唐朝高度发达的经济和文化，有 300 多个国家和地区的使者前来长安朝觐，他们还派留学生、学者到长安进行学术交流。

最仰慕大唐文化的日本，曾 13 次向中国派出遣唐使。朝鲜半岛上的新罗、百济也多次派遣留学生前来中国。

大唐政策开放，唐玄宗李隆基是个胸襟开阔的君王，接受很多外国人为大唐朝廷效力。他们来自东亚的日本，西方的波斯、大食等各国。

> 把我说的话翻译成25种语言！

> 啊？！

甚至有不少外国人在大唐做到了高官！

> 我要努力在大唐出人头地！

> 我先带你去填饱肚子吧！

大唐美食更是丰富，除了日常吃的羊肉、鱼肉，各种水果，全大唐最受欢迎的美食其实是饼，尤其是大唐头号网红美食——胡饼！

第八章 盛世华章

除了本土街头美食，大唐的饮食文化包容丰富。丝绸之路将世界各地特色美食输送到大唐，尤其来自印度的蔗糖和来自西域的胡椒是当时珍贵的调味料。

花了我这么多钱，才买到5粒胡椒！嘤嘤嘤！

但要论大唐美食的天花板，还要数皇宫中闻名天下的"曲江宴""烧尾宴"，光菜品就有50多种，每一道都是山珍海味。

我不是主角吗？你这章在讲什么！

这章我才是主角！可是我吃不上宫廷宴席！

哎，这位大哥你可以来我们文人举办的宴席！

大唐文人雅士最喜欢举办宴席。有吃饭碰面的相识宴、金榜题名的闻喜宴，还有趣味主题打球宴和月灯宴，仪式感爆棚的樱桃宴、牡丹宴等各种各样的名目。

相识宴

闻喜宴

金榜题名

打球宴

月灯宴

樱桃宴

牡丹宴

第八章　盛世华章

在文人雅士的宴席上怎么能少得了表演才艺。

我给大家表演个……一口吃一个大鸡腿!

快住口!是要一起吟诗作赋!

唐朝以诗闻名,一张嘴作不出一首诗,都不好意思跟人打招呼!

一只鸡腿下肚,来俩蘸蘸陈醋。三只鸡腿下肚,撑到不会走路。

哇!好诗好诗!

好诗!!

盛唐是我国古典诗歌发展的黄金时期,要不怎么会有《唐诗三百首》呢!

> 三百首?我李太白这辈子写了1000多首诗!

> 哇,不愧是李白老师!厉害厉害!

唐玄宗李隆基还把诗歌作为进士考试的主要内容,这是个属于才子的时代。比如,被称为"诗仙"的浪漫主义大诗人李白、号称"诗魔"的现实主义诗人白居易、体察民间疾苦的"诗圣"杜甫、风格清新脱俗被称为"诗佛"的王维。

仙 李白 **魔** 白居易 **圣** 杜甫 **佛** 王维

李隆基还是个音乐舞蹈发烧友，他开办梨园和教坊，培训音乐家和舞蹈家，把大唐的音乐、舞蹈等艺术推向顶峰。

大唐子民都热爱音乐舞蹈，从宫廷门阀，到民间街头，各样的舞蹈种类层出不穷。不仅有英姿飒爽的剑器舞，还有来自中亚柔美的柘枝舞、欢快的胡旋舞。

开放包容的大唐还允许异国通婚。

但是，大唐小姐姐那是好伺候的吗？在国家自信心爆棚的时代，大唐女子不仅在服饰妆容上艳压历朝历代，在风气上也开放前卫。

心碎得了相思病没关系，大唐医学来帮你！当年李隆基的爷爷唐高宗李治身体不好，在国内大力推行医学发展，推出了第一部国家药典《唐本草》。

大唐名医辈出，当时最著名的大夫是"药王"孙思邈，他写的《千金方》是中国最早的临床医学百科全书。

第八章 盛世华章

到了唐玄宗李隆基这辈儿,大唐从中央到地方建立了非常完备的医疗体系,尤其关心民间百姓的医疗看病。

> 这个胡人心碎了,快抢救!

> 拿好你的病历,这位大哥叫啥名字?

> 我叫安禄山,下一章我还来……

在这盛世华章下,一些祸患已经蠢蠢欲动,将让这盛极一时的大唐逐渐转向衰落。

129

李隆基

杨玉环

第九章　禍患前夕

盛唐篇

大唐国富民安，日子一年一年过去。李隆基从一个锐意进取的年轻帝王，变成了一个年过半百的老人家。

唉，无敌是多么寂寞。

李隆基

这时候本该考虑培养继承人了，李隆基有30个儿子，但他看这些儿子却没一个顺眼的！

瞅瞅你们一个个的，朕怎么放心把大唐交给你们？

李隆基觉得太子李瑛资质平平，而他最宠爱的儿子李瑁也没啥才华。唯一有能力的长子李琮，却因为脸上有疤痕而不受李隆基待见。

谁让朕是个颜控！大唐天子必须高学历、高才华、高颜值！

这也太内卷了吧！！

第九章 祸患前夕

当时，唐玄宗最宠爱的妃子是武惠妃。武惠妃对太子之位虎视眈眈。

> 皇帝的宠爱只是暂时的，只有我亲儿子李瑁当上皇帝，后半辈子才有保障！

武惠妃 **李瑁**

于是武惠妃开始派出各路人马抓太子李瑛的小辫子，向李隆基打小报告。

> 哎呀，李瑛这太子，因为母亲受冷落，又说您坏话！

> 朕看他太子是当腻了！

李瑛虽然没啥大才干，但当太子以来从没犯过大错，得到许多大臣的拥护，尤其是宰相张九龄。

张九龄

> 皇上，废立太子是国家大事，不要轻易听信谗言啊！

> 嗯，知道了！知道了！

133

武惠妃三番两次没有得手，她身在后宫，如何把手伸到朝廷去呢？这时，一个嗅觉敏锐的政客出现了，他就是李林甫。

> 娘娘，我来助您一臂之力！

> 哟，您哪位？

李林甫

李林甫出身于庞大李唐宗室中一个不起眼的小家庭，从小成绩不好，靠朝中的亲戚举荐做官才有口饭吃。

> 做个小官混混日子就行，大唐人才济济你就别想着出头了！

> 嘤嘤嘤

虽然大唐的才子一抓一大把，但李林甫没有"放弃"。

> 你们再有才华，都不是我的对手！

第九章 祸患前夕

　　李林甫从小看遍了政治斗争,学得一手好宫斗。他专门和宦官、妃嫔搞好关系,对唐玄宗李隆基的一举一动了如指掌。

> 哇,今天皇上去了花园打卡!又晒了美食!我要给他点赞收藏一键三连!

　　于是李林甫每次提案都深得李隆基的喜欢,他的官越做越大。

> 哇,李爱卿真是朕肚子里的臭虫!

> 臣是蛔虫……是蛔虫!

135

李林甫发现了武惠妃的野心,于是与她联合,把当时德才兼备的宰相张九龄赶走了。太子李瑛顿时失去了政治上的保护伞。

> 皇上,张九龄讨不讨厌?

> 朕最讨厌他了!

李林甫又和武惠妃制订了一个计划:

> 皇上最恨有人谋反,不如让太子李瑛……

> 妙啊!

武惠妃派人通知太子李瑛,谎称皇宫中有盗贼作乱。太子李瑛一听,赶紧找来兄弟鄂王李瑶、光王李琚。

> 咱们现在冲进皇宫救驾,老爸就会重新喜欢我们!

> 哥哥说的没错!咱们走!

李瑛　李瑶　李琚

第九章　祸患前夕

三位皇子拿着武器，带领一拨人冲进皇宫。武惠妃赶紧跑到唐玄宗身边报告。

> 妈呀！太子带着两个皇子谋反了，他们都穿铁甲冲进宫了！

李隆基的疑心病顿时发作，因为他自己就是靠唐隆政变才获得太子之位的。

> 谋反难道是家族遗传？！

李隆基找来李林甫问话，李林甫当然不会帮太子说话。

> 你觉得太子真的会谋反吗？

> 这个嘛！这是您的家事，要杀要剐您看着办吧！

于是李隆基没有深入调查，就下旨把太子李瑛、鄂王李瑶、光王李琚三位皇子贬为庶人。在流放途中，三位皇子离奇遇害。这就是唐朝史上惨痛的"三庶人案"。

三位皇子的冤案，把李隆基多年树立起来的仁爱明君形象打破了。朝廷和民间都出现了失望的声音。

虎毒还不食子呢！

唉，看来皇上真的老了。

借皇帝之手干掉前太子的武惠妃高兴坏了，她多次怂恿李隆基立儿子李瑁为太子，李隆基却没有答应。

只要咱们儿子李瑁当上太子，人人都会夸皇上您眼光好！

这事儿以后再说吧！

第九章 祸患前夕

很快,武惠妃就遭了报应。她晚上常常梦到三位皇子变成鬼魂来找她。

还我命来

啊!!杀你们的是皇帝!不关我的事!

就在同年,武惠妃因为心理压力过大,一命呜呼。

虽然朝廷上有李林甫力挺李瑁，但没有了武惠妃的助力，李瑁依然无法登上太子之位。李隆基立了性格仁孝恭谨又战功赫赫的忠王李亨为皇太子。

然而，还有更狗血的事情等着李瑁。

三位皇子的枉死，贤相张九龄的离去，武惠妃的病逝，让人到晚年的李隆基成了一个无人陪伴的寂寞老头。

第九章 祸患前夕

就在他孤单寂寞冷时，他爱上了一位绝色美女。好巧不巧，她正是他儿子李瑁的王妃——杨玉环。

这是朕的儿媳妇？

杨玉环

杨玉环出身官宦世家，10岁被叔父杨玄琰收养。她精通歌舞、音律，17岁就出落得楚楚动人，从海选中脱颖而出，被选为王妃。

大唐区冠军之夜

感谢大唐TV，感谢评委老师，感谢我的父亲！

141

李隆基怎么才能抱得美人归呢？他先下令让杨玉环离开王府，出家做女道士。

玉环，朕来了！

皇上，人家现在道号"太真"啦！

5年后，李隆基正式让杨玉环入宫并册封她为贵妃。

我不是李瑁，我现在是李绿帽！嘤嘤嘤！

从此，李隆基弹琴鼓瑟，杨贵妃翩翩起舞。李隆基又过上了奢靡享乐的日子，国家大事小情都丢给了李林甫。

爱卿看着办吧！咱们接着奏乐接着舞！

第九章 祸患前夕

于是，李林甫成为大唐一人之下万人之上的宰相，他独揽大权长达16年。连太子李亨都拿他没办法。

> 太子让一下，我要回宰相府了！

李林甫表面对他人客客气气，实际一肚子坏水，用各种阴谋阳谋陷害忠良。有一个成语"口蜜腹剑"就是形容李林甫的。

> 李大人，恭喜你入选《成语大辞典》啦！

口蜜腹剑

朝廷里奸臣当道，但李隆基只看到国家上下一片祥和。此时的大唐王朝，金玉其外，败絮其中。

> 李林甫真是治国有方，朕封你为晋国公！

143

李林甫为了防止有功劳的武将与自己争权,他向李隆基提出建议:让边疆的番将担任各大军区的指挥官——节度使。

> 文人贪生怕死,贵族结党营私,只有出身低微的番将能打仗!

> 好!听你的!

边防有番将的精兵猛将驻扎,中央的兵力却弱了很多,大唐军防形成了外重内轻的局面。

外重 **内轻**

番将节度使控制着军区的军队、财政和人民,可以私自招兵买马,建立庞大的私人武装。有一个人的出现导致大唐由盛世转向衰落,他就是番将安禄山。

> 嗨!我说过我这章还会来!

安禄山

帝王家庭小剧场

实力派美女

杨玉环能歌善舞,精通多种乐器和舞蹈,是大唐宫廷音乐家、舞蹈家,被后世誉为中国古代四大美女之一。虽然体态丰腴,但跳起胡旋舞来飞快轻盈。

> 我是个灵活的胖子!

杨玉环美丽动人,无数诗人争相为她写诗。连从不把权贵放眼里的诗仙李白,都心甘情愿为她写了三首《清平调》,赞她"云想衣裳花想容"。

大诗人白居易还为唐玄宗和杨贵妃写了一首爱情长诗《长恨歌》,将他们写为"在天愿作比翼鸟,在地愿为连理枝"。

> 啥爱情不爱情的,下一章你们就知道了!嘤嘤嘤!

李隆基

第十章　安史之乱

盛唐篇

谁能想到这个把大唐搅成一锅粥的番将安禄山，出身非常低微。他从小没了爸爸，跟着妈妈在突厥部落里讨生活。

想要你儿子有饭吃，你必须和我们的首领结婚！

安禄山发誓，长大后要离开这里出人头地。他从小头脑灵活，虽然连学都没上过，但精通 6 种民族的语言，在边境贸易市场做起了中介。

各位大哥大姐，新开楼盘了解一下！游泳健身了解一下！

但安禄山没有生意头脑，混到快 30 岁，还只是个偷鸡摸狗的小混混。有一次安禄山和发小史思明组队去偷羊，结果被幽州节度使张守珪抓住了。

来人！给我干掉这两个小偷！

大人打仗戍边需要战士！您看俺的大肌肉！

张守珪

史思明

张守珪见安禄山和史思明长得人高马大，干脆让他俩给自己打工。安禄山和史思明为了保住小命，就在张守珪的部队里当起了最低等的侦察兵。

> 完成不了这个月的KPI，你们就吃不了兜着走！

早年安禄山就干过中介，对这一带地形很熟悉，于是他每次都能出色完成任务。安禄山还特别会溜须拍马，逗得张守珪干脆收他做干儿子。

> 爸爸，你会唱《小星星》吗？

于是安禄山在张守珪的手下待了5年，因为骁勇善战换来了咸鱼翻生，当上了平卢讨击使、左骁卫将军。

> 咦？这不是那中介吗？

但刚上任不久，安禄山就打了一场大败仗。他干爹张守珪也保不住他了，于是被送到洛阳，等候朝廷发落。

> 爹地！俺不想离开你！嘤嘤嘤！

当时的主审官正是宰相张九龄。张九龄阅人无数，看穿了安禄山憨厚外表下的狡猾和不忠。但当时唐玄宗李隆基就是跟张九龄反着来。

> 臣建议用军法处置，斩了！

> 我不，我偏要放了！

> 那好，放了吧！

> 我不，我偏要斩了！

> 好吧，那就斩了……

> 我不，我偏要放了！

死里逃生的安禄山悟出一个道理：

俺不能让自己的小命捏在这帮人手里！

从此，安禄山一边打仗，一边用重金贿赂朝廷官员，让他们在唐玄宗面前替自己说好话。李隆基越来越喜欢安禄山，把他提拔为平卢节度使，可以直接上朝面圣。

大人，这次可多亏了您哪！嘿嘿嘿！

就你小子机灵！嘿嘿嘿！

后来，连李隆基最信任的宰相李林甫都开始说安禄山的好话。李隆基以为安禄山颇得人心，让安禄山兼任范阳节度使，让他统领整个大唐兵力最强、最富裕的藩镇。

让你去范阳，开不开心？

俺根本不在乎那里兵多钱多！臣只想全力报效陛下！

但安禄山的野心远远不止于此。大臣们不敢得罪太子，但安禄山却敢。因为他看穿了李隆基的心思。

> 太子怎么能和天子比！臣心里只有皇上！

> 哈哈哈！说得好说得好！

李亨

安禄山体态肥硕，走路都很困难，居然在唐玄宗面前跳胡旋舞，动作快得像旋风一样。

> 太精彩了！爱卿像一个300斤的陀螺！

见李隆基宠爱杨贵妃，安禄山就拼命讨好杨贵妃，每次进宫都先向杨贵妃行礼。

> 好你个安禄山，居然不先向朕行礼！

> 俺是胡人，胡人总是先拜母亲，后拜父亲。

第十章 安史之乱

这马屁拍得李隆基龙颜大悦。安禄山赶快认比他小 16 岁的杨贵妃做了干妈。

> 从今天起，您就是俺的小干妈！

小干妈

深得宠爱的安禄山，能自由出入宫廷，他的小儿子还娶了皇太子的女儿为妻。家里的房子更是奢华至极。

> 俺家里的垃圾桶、垃圾筐都得是镀金的！

> 是！大人！

安禄山风头正劲，唯独害怕一人之下万人之上的宰相李林甫。李林甫能把安禄山的心思看得一清二楚。安禄山每次见他都慌得满头大汗。

> 这大冬天也出这么多汗？

> 呵呵，在下，在下，最近有点儿虚……

每次安禄山打听皇宫里的情况,都要先问问李林甫说了什么。如果没有好话,他就怕得要死。

> 李大人又没有给俺好评、点赞,嘤嘤嘤!!

但就在李林甫权倾朝野、安禄山风光得意的时候,有一个人站在了他们的对立面。但,反派的敌人有时候也是反派……

杨国忠

> 没错!就是我杨国忠。

杨国忠本名杨钊,是杨贵妃的远房堂兄,只会喝酒赌博,不学无术,被杨家人鄙视,只能离开家去从军。

> 我们家好歹是贵族之后,怎么出了你这个不肖子孙!

> 别瞧不起人,喝酒赌博也是一种本事!

还真被杨国忠说中了,那时候算盘还没发明出来,唐朝人主要靠用竹子做的筹码来计数。杨国忠因为爱赌博,数学居然非常好。

一七得七,
二七一十四,
三七……

杨国忠在军队中负责理财,还当了个小小的县尉。他人生的转机终于到了——他的堂妹杨玉环被封为贵妃。

什么!我的妹妹杨玉环当上贵妃了!

妹妹:家人们,我当上贵妃了!
妹妹:红包

他立刻给堂妹杨玉环送了几大车礼物。有了杨玉环的关系,杨国忠开始了飞黄腾达的人生。

这几车包包、化妆品和偶像签名照,妹妹喜欢吗?!

哇!

唐玄宗李隆基喜欢玩一种叫"樗（chū）蒲"的游戏，需要精确的计算才能获胜。李隆基听说杨国忠是数学小天才，就把他召进宫。

> 杨爱卿又帮朕赢钱了！以后来给朕的国库理财吧！

杨国忠能帮皇帝敛财，又有杨贵妃撑腰，深得李隆基欢心，官职也越来越高，很快逼近了宰相李林甫。

> 哎呀妈呀！这小子竟然想弯道超车！

李林甫虽然年近 70，但在朝中树大根深。杨国忠费了无数心思也没法扳倒他，正犯愁的时候，李林甫却因病一命归西了。

哈哈哈！打不过你，我熬死你！

但杨国忠没有就此放过李林甫，他给李林甫及手下扣上"谋反"的罪名。唐玄宗气得下令把李林甫的坟刨了，子孙也全部流放。

都说了谋反是朕的雷区！

杨国忠就这样当上了大唐王朝的宰相。李林甫虽然下线了，可还有个难搞的安禄山啊！

我扳不倒你，我……熬死你！

我这么强壮，你觉得咱俩谁先死？

安禄山根本没把杨国忠放在眼里。杨国忠没法制服安禄山,就接二连三地跟李隆基打小报告。

> 陛下!安禄山手握大军一定在偷偷谋反!

> 哎呀,不要吵了,不要吵了!

而安禄山手里也抓着杨国忠的小辫子,趁机反咬一口。

> 杨国忠收受贿赂,谎报军情!他才要谋反!

> 哎呀,不要吵了,不要吵了!

杨国忠和安禄山,一个在朝廷手握大权,一个在边疆统领大军,两人斗得不可开交。

> 哎呀!不要吵……哎呀!我都说累了!

第十章 安史之乱

安禄山已经开始秘密策划,他先是请求李隆基把自己地盘内的很多将领都换成番将。

你打仗厉害,都听你的。

安禄山用阴谋干掉了几个民族部落的首领,并污蔑是大唐干的,于是收编了他们的军队,要向大唐"复仇"。

俺一定帮兄弟们要个说法!

同时,他召集自己的发小史思明迅速集结起20万大军,要找杨国忠算总账。

干掉杨国忠!为大唐除奸臣!

杨国忠喊了几年狼来了,这次狼真的来了!

前线又说安禄山反了,爱妃你信吗?

嘻嘻,咱们的干儿子怎么会反呢?

159

公元 755 年，李隆基已经 71 岁了，他宠信多年的安禄山在这年 12 月，以讨伐杨国忠为名，发动了一场夺取皇位的叛乱。这就是著名的安史之乱的开端。

叛军从范阳一路南下，不到一个月就控制了整个河北。紧接着，安禄山就攻陷了洛阳，居然在洛阳称帝，立国号为大燕。

大唐军队节节败退，杨国忠一看时局不妙，怂恿李隆基躲到杨贵妃的老家四川避避风头。

> 皇上，四川是个好地方！这次度假一定开心！

> 朕也很期待……

皇帝出逃也是要面子的。李隆基昨天还宣布御驾亲征，第二天就跑路了！

> 皇上人呢？

> 到处找也没见人影儿啊！

> 他不会跑了吧？

李隆基带着妃嫔、皇子皇孙，在禁军的护送下连夜逃出长安城。但第二天跑到马嵬坡，禁军却不想往前再走一步了。

> 都是杨国忠逼安禄山造反！杀了杨国忠！

> 你……你们想干什么……

杨国忠骑马逃跑，却被禁军杀死。一同被杀的还有他的妻子、儿子。

禁军将领又提出了另一个要求。

> 皇上！杨贵妃祸国殃民！也应该处死！

> 什么？！

第十章 安史之乱

　　李隆基知道，如果没有这支军队，自己不可能活着到达四川。他最后看了一眼杨贵妃美丽的脸庞，狠下心来，让宦官高力士绞死了杨贵妃。

> 皇上，永别了！

> 玉环……

　　李隆基把大唐带向了空前繁荣的盛世，但看着眼前山河破败，连所爱的人都无法保护。他明白，自己的时代已经过去了。

163

长途跋涉46天后,李隆基终于到了四川成都。

> 皇上快歇歇!

> 朕快累死了,谁还给朕发信息?

> 老爸,祝您退休愉快!做个快乐的太上皇!

> 谁说我要做太上皇了!

就在杨国忠、杨玉环被杀的当天,太子李亨也看到自己的机遇,离开了李隆基这个落难的老皇帝。

> 这乱世,将是我,哦不,是朕新的开始!

李亨

帝王家庭小剧场

千古贤宦高力士

李隆基曾说，只有高力士在他身边他才睡得着。这高力士何许人也？从唐隆政变起，高力士就辅佐李隆基，每一顿饭都为他试毒。李隆基当皇帝后，高力士侍奉左右，连太子李亨都得叫高力士一声"二哥"。李隆基落难出逃，许多近臣都离开了李隆基，但高力士一直不离不弃。

> 皇上，路再难走，还有我啊！

李隆基晚年时，高力士被权臣陷害遭到流放。被赦免后，他立刻赶回长安想继续照料李隆基，却听到李隆基驾崩的消息，顿时伤心欲绝吐血身亡。李唐皇室感念高力士一生的忠心，将他陪葬在李隆基长眠的泰陵。

> 皇上，我随您来了！

> 看到没，这才是李隆基一生的真爱！

李亨

第十一章 肅宗平叛

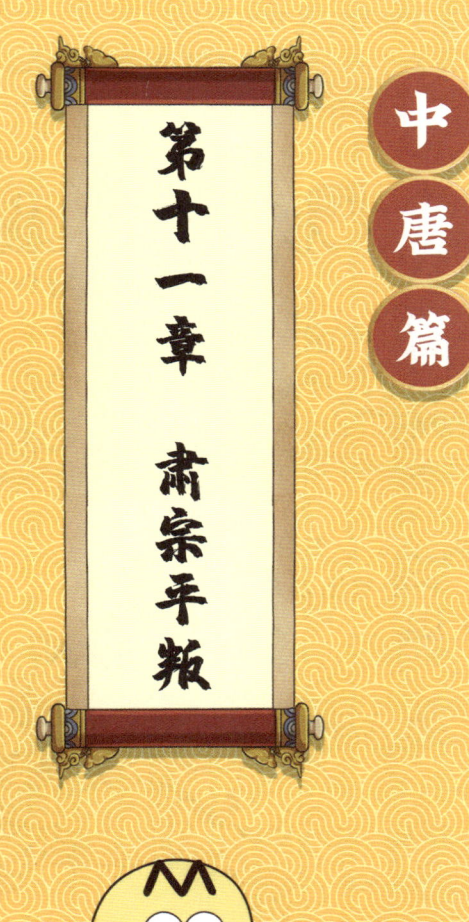

中唐篇

一场安史之乱，打碎了李隆基辛苦经营50年的大唐盛世。安禄山的叛军攻下洛阳之后，连大唐首都长安也跟着失守。

> 皇上，都城长安也丢了！

> 毁灭吧，赶紧的，累了！

而太子李亨，此时已离开了父皇逃亡的队伍。他秘密出发北上，走上了挽救大唐之路。

李亨

在李隆基的30个儿子中，李亨非常不起眼。他的生母杨妃不受唐玄宗宠爱。他的养母王皇后，在宫斗中又被最得宠的武惠妃害死了。

> 小心驶得万年船。

第十一章　肃宗平叛

后来武惠妃制造冤案，害死前太子李瑛。唐玄宗李隆基从矬子里拔大个儿，才勉强立了 28 岁的李亨做皇太子。

> 哼！李亨有啥本事！就是个大尻包！

李亨这个大唐皇太子当得确实尻。李亨在后宫和朝廷里都没有自己的政治势力。当时的宰相李林甫向李隆基打小报告，说太子妃的哥哥私下和李亨见面。

> 太子与外戚勾结，是要谋反吗？

> 我没有！他不是外戚！她也不是我老婆！

李亨居然尻到立刻和太子妃离婚，而这样的事居然发生了两次。

> 太子与岳父勾结，是要谋反吗？

> 我没有！他不是我岳父！她也不是我老婆！

李林甫支持的是武惠妃的儿子寿王李瑁。当朝大臣们几乎都看不起李亨。李亨这皇太子当得那叫一个郁闷。

太子殿下，给您报喜，李林甫终于挂了！

我解脱了！

但李林甫死后，又来了一个杨国忠。

唉，有完没完啊……

但是，李亨当太子有一个绝招——

我怂，但我活得长！

能 活

第十一章　肃宗平叛

安史之乱爆发后，李隆基带着皇子皇孙，还有杨国忠和杨贵妃一同逃往四川。太子李亨知道，四川是杨国忠的老巢，自己一旦跟去了就凶多吉少。

> 太子，要不要来我家吃饭呀？

> 谢谢，我不饿。

杨国忠

但国难当前，尿了几十年的李亨，不想再尿。

> 我，我总得做些什么……

在李亨的默许下，李亨身边的宦官和皇帝的禁军将领一同策划了"马嵬坡兵变"，杨家兄妹被杀。李亨也决定与父皇李隆基就此分别。这乱世，将是他真正施展拳脚的时候。

> 我……我看谁再说我尿。

吃透中国史·唐

李亨几乎一路狂奔,到达宁夏的朔方节度区。这里是朔方军的大本营,李亨曾遥领过朔方节度使,对朔方军比较熟悉,于是在这里驻军。

> 快看!太子殿下真的来了!

此时大唐的首要任务是平叛。李亨要联合西北和华北的军事力量,凝聚人心、重整河山。

> 我们跟着殿下一起干掉叛军!

公元756年,就在和李隆基分别一个月后,太子李亨在朔方军的拥戴下登基,史称唐肃宗。这年,李亨已经45岁了。

唐肃宗

第十一章　肃宗平叛

为了不引起怀疑，李亨向天下宣布，他登基是为了更好地领兵平叛，以后会将皇位还给父皇李隆基。

老爸，借你皇位一用，打完安禄山再还给您。

听着不靠谱，但不信也没办法。

唐肃宗李亨登基的消息传出，大唐上下民心振奋。

太子登基了！安禄山你等着瞧！

快来救俺们！嘤嘤嘤！

虽然如愿当了皇帝，但李亨接手的，是大唐史上最烂的摊子。面对安禄山手下强悍的骑兵，李亨必须火速组建军事力量与之抗衡。

群发信息！召集有才之士为我效力！

当时，诗人杜甫听到唐肃宗登基，便把家人安顿好，前去投奔唐肃宗。但他很倒霉，半路就被叛军抓回长安。

喂！放开我！你们知道我是谁吗？！

不知道，快走！

一路上杜甫看到，曾经繁华璀璨的长安城如今被叛军烧杀抢掠，悲愤之下写下了一首《春望》：

春望
国破山河在，
城春草木深。
感时花溅泪，
恨别鸟惊心。
烽火连三月……

杜甫

第十一章 肃宗平叛

虽然李隆基执政后期朝政混乱，经济下滑，但比起叛军的为非作歹，大家更怀念那个太平时代。各地官员和百姓自发奋起抵抗，苦苦等候唐朝王师到来。

在大唐生死存亡的关头，一位奇人的到来，让唐肃宗李亨看到了希望。他就是大唐出了名的神童，也是后来辅佐唐肃宗的第一智囊，李泌（bì）。

神童李泌啊！你怎么才长大啊！我被杨国忠欺负得好惨啊！嘤嘤嘤！

鼻涕别擦我身上。

李泌祖上是北周贵族，他7岁就会写文章，得到唐玄宗和两任宰相的赏识。唐玄宗还让年纪轻轻的他当太子的老师。后来在杨国忠的排挤下，李泌离开宫廷，隐居山野。如今，他终于带着救国之策重新出山。

我就是提前过了几年退休生活。

李泌

有了李泌的辅佐，唐肃宗李亨就像吃了定心丸。李泌做出周密的作战计划，调兵遣将，任命身经百战的老将郭子仪、李光弼出击叛军。

> 叛军只是乌合之众，没有夺取天下的志向。攻打他们的老窝范阳，会让他们很快丧失锐气！

但唐肃宗李亨出来捣乱了，他要先收复长安和洛阳，才能挽回大唐的颜面。

> 不行不行，听我的！

> 有满分答案居然不抄？果然没脑子。

结果，不出李泌所料，唐军开局就吃了一个惨痛的败仗！被困在长安城的大诗人杜甫得知唐军4万人全军覆没，沉痛地写下了《悲陈陶》。

悲陈陶

孟冬十郡良家子，
血作陈陶泽中水。
野旷天清无战声，
四万义军同日死。
群胡归来血洗箭，
仍唱胡歌饮都市。
都人回面向北啼，
日夜更望官军至。

第十一章 肃宗平叛

就在大唐这边乱成一锅粥的时候，一个好消息传来——安禄山被杀了！

安禄山攻入长安后，在李隆基的宫殿中坐享歌舞宴乐。过于肥胖的他很快疾病缠身，病到几乎失明。

安禄山的儿子安庆绪趁此机会，居然联合安禄山亲近的宦官一同刺杀了安禄山，自己当上了"大燕皇帝"。但安庆绪昏庸软弱，又继续在皇宫里饮酒作乐。

> 大燕皇位是我的了！哈哈哈！

趁着叛军内斗，唐肃宗李亨向回纥借兵。回纥三千精锐骑兵骁勇善战，精通射箭。

> 大唐兄弟们，我们来助你们一臂之力，但是要给钱哦！

大将郭子仪重整军队。这次进攻长安，是唐军反击中最关键的一战。郭子仪立下军令状——

> 如果臣失败了，就以死谢罪！嘤嘤嘤！

虽然兵力悬殊，但郭子仪出兵两面夹击，将士们奋勇杀敌。叛军伤亡惨重，弃城而逃，唐军终于收复了长安。

安庆绪丢了长安，心一下子慌了。郭子仪乘胜出击洛阳，安庆绪不会用兵，最后干脆从洛阳逃到邺城。

史思明叔叔救命啊！只要你救我，我就把皇位让给你！

大点声，我听不见！

郭子仪和李光弼的军队包围了邺城，唐军胜利在望。但这时，唐肃宗李亨又出来捣乱。他对这两员大将起了疑心，派宦官前去监察军队，搞得前线一团乱。

谁也别拦我，我就是对的！

……

唐军内部矛盾重重,原本胜利在望的局势也没了。史思明的援军赶到,双方再次陷入苦战。

你进来呀!

你出来呀!

在指挥失误和内部矛盾中,唐军又战败了。为了补充兵力,唐军开始四处抓壮丁。看到此情此景,大诗人杜甫写下了著名的"三吏""三别"。

存者且偷生,死者长已矣!

三吏 三别

安庆绪得胜后来了精神头，不想把皇位给史思明了。史思明一不做二不休，用计杀了安庆绪。公元 759 年 5 月，史思明在范阳做了大燕皇帝。

> 安禄山我干掉你儿子为你报仇了！

史思明偏爱自己的小儿子，常常想杀掉二儿子史朝义，而立小儿子为"大燕太子"。这下，史朝义干脆也把老爸史思明杀了。

> 老弟，你怎么也被儿子干掉了？

> 咱哥俩的家庭教育太失败了，嘤嘤嘤！

前线战事胶着，战乱未平，朝廷更是一团乱麻。李亨自从收复长安后，满心想着要把太上皇李隆基迎接回长安。

> 哼，他就是想让我正式退位嘛！

公元 757 年，太上皇李隆基回到长安，受到百姓和大臣的欢迎，他将国家正式交给唐肃宗李亨。从此，父子之间似乎都不再提那些不愉快的往事。

> 拿好，这是我最大号的公章。

唐肃宗李亨不是一位英明的帝王，在他当太子那段被欺压的岁月里，满朝文武没什么人支持他。如今，他也不信任这些大臣。

> 他们该不会又背叛我吧？

李亨最信任的，是以李辅国为首的宦官们。这埋下了日后宦官专权的祸根。

> 你们想要啥我给啥，除了这皇位我都能给你们！

> 皇上我要军权！

> 皇上我要财政！

第十一章　肃宗平叛

朝中的宦官们权力迅速膨胀，此时后宫的张皇后也野心勃勃。

公元762年5月，唐玄宗李隆基驾崩，终年78岁。唐肃宗李亨拖着病体给李隆基办丧事，让太子李豫接手国家政事。这下，张皇后看到了机会。

张皇后的阴谋是改立太子，借此干预朝政。于是她骗太子进宫，想要刺杀太子。

宦官李辅国得知张皇后的阴谋，立刻把太子保护在禁军之中。当晚，李辅国率领禁军在唐肃宗李亨眼前，把张皇后拖走，软禁起来。不久后，张皇后被废为庶人，在幽闭中被杀。

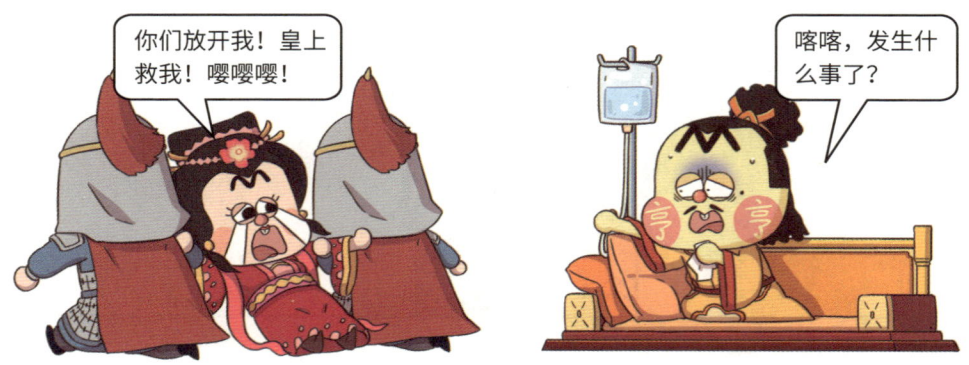

> 你们放开我！皇上救我！嘤嘤嘤！

> 喀喀，发生什么事了？

李亨已经病重，看到张皇后和宦官们的政变，顿时又惊又怒。当天夜里，在玄宗去世仅 13 天后，唐肃宗李亨也驾崩了。他的帝王生涯只有 7 年，最终也没看到安史之乱平息。

大唐王朝一个月内连失两位帝王。宦官李辅国宣读遗诏，36 岁的太子李豫在宦官集团的拥立下即位，史称唐代宗。

唐代宗

李豫

而此时天下尚未平定，朝廷内也暗流涌动，这位年轻的帝王将怎样面对前途晦暗的大唐王朝呢？

帝王家庭小剧场

山人李泌

李泌博古通今，智谋过人，连续辅佐过唐肃宗、唐代宗，又在唐德宗时期出任宰相。过于优秀的他常常遭人嫉妒，所以几次出走离开朝廷，隐居去了。

优秀
任性

> 别人挤破头做官，你却想走就走？

醉打金枝

唐朝名将郭子仪一生效力了七位大唐帝王，当年他可是武则天时期的武状元。平叛安史之乱时他已年近六十。叛乱平定后，唐代宗李豫把宠爱的升平公主嫁给郭子仪的儿子郭暧。公主下嫁后，依然刁蛮任性。一次郭暧借酒劲打了公主。唐代宗和郭子仪急急忙忙调解这场家国危机，终于让公主和郭暧和好。这个故事就是京剧《醉打金枝》的故事原型。

最佳调解员

李豫

第十二章 力挽狂澜

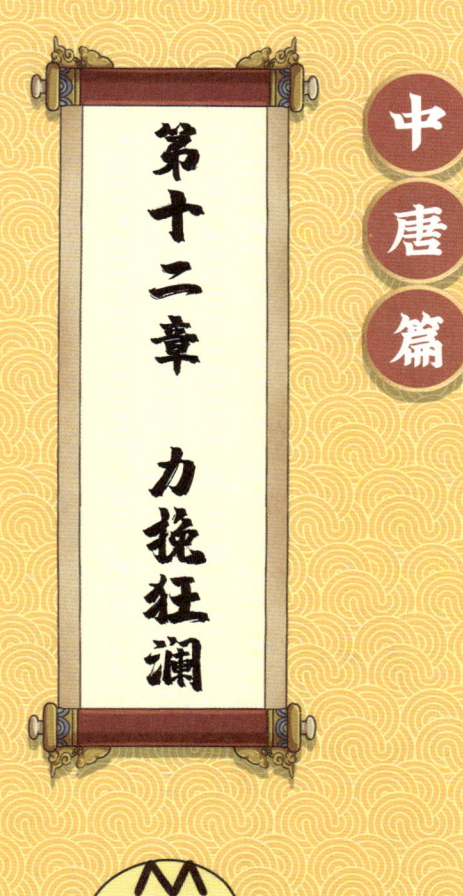

中唐篇

唐肃宗李亨驾崩的第二天，皇太子李豫登基。他接手的大唐江山已是满目疮痍。

李豫是唐肃宗李亨的嫡长子，还是唐玄宗李隆基100多个孙子里最受宠爱的皇长孙。李豫一出生，李隆基就赐给他一个金盆洗澡，每天都要去看望他。

李豫从小饱读诗书，外表长得帅，心中有城府，喜怒不形于色。

第十二章 力挽狂澜

李豫生在大唐盛世，安史之乱爆发时他刚好29岁，目睹了大唐由盛转衰的全过程。

> 我一定要救大唐百姓于水火之中！

唐肃宗李亨称帝后，立刻任命李豫为天下兵马大元帅。李豫亲自与大将郭子仪、李光弼并肩作战，收复了长安、洛阳。李豫在朝廷有很高的威望，在百姓中很得民心。

> 太子太子！我们爱你！

公元762年，唐代宗李豫登基后，正准备平定安史之乱。宦官李辅国却拦在他面前。

> 陛下您好好宅着就行了，外面的政事交给我！

李辅国

嗯？

这个李辅国是当年唐肃宗李亨最宠信的宦官。唐肃宗曾听信李辅国的谗言，处死了李豫的弟弟建宁王李倓。李辅国作为宦官，居然常到前线监军，搅乱战局。

可恶，现在想见皇帝居然要通过这奴才的同意！

嚣张

李豫即位后，李辅国仗着自己在张皇后政变中护驾有功，气焰更加嚣张。

哼！当年就是你到前线来捣乱，害我们吃败仗！如今还想把我变成傀儡皇帝！

但唐代宗李豫是一个有谋略和胸怀的君王。他表面委曲求全，尊称李辅国为"尚父"，大事小事都要和李辅国商量。这让李辅国放松了警惕。

尚父说得好，尚父说得妙，尚父说得呱呱叫！

你小子真懂事！

尚父

第十二章　力挽狂澜

唐代宗李豫私下扶持其他宦官，让李辅国把注意力都集中在宦官之间的斗争上。不久，李豫乘李辅国不备，派人暗杀了他。

陛下！李辅国大人被盗贼刺杀了！

哎哟喂！怎么会有这样的事呢？

李辅国死后，李豫收回国家大权。但此时史朝义的叛军再度攻下洛阳，天下大难未平。公元762年10月，李豫任命自己的长子李适（kuò）为天下兵马元帅，猛将仆固怀恩为副帅，对史朝义发起强势进攻。

打不赢别回来见我！

遵命！

李适

仆固怀恩

唐军奋勇杀敌，节节胜利。公元763年初，史朝义走投无路，在败亡途中自杀。至此，历时8年之久的安史之乱终于平定。

唐军胜利的消息传来，百姓们欢呼雀跃，大诗人杜甫欣喜若狂，作出一首《闻官军收河南河北》。

> 剑外忽传收蓟北，初闻涕泪满衣裳。却看妻子愁何在，漫卷诗书喜欲狂……

杜甫看尽了大唐盛世繁华，又经历了安史之乱，他用诗描绘安史之乱前后的社会景象，这些诗被誉为"诗史"。杜甫一生忧国忧民，是现实主义诗人的代表，被后世尊为"诗圣"。

诗圣

但没想到，一波刚平一波又起。原本该好好庆祝平定安史之乱的胜利，没想到吐蕃趁大唐把防守西北的军队调回来平叛的时机，对唐军发起进攻。宦官程元振居然瞒下军情不报，直到吐蕃军队已经逼近了唐朝都城长安！

> 陛下快跑！我们把吐蕃军队挡在长安收费站上了！

什么?!

第十二章　力挽狂澜

公元763年，安史之乱刚刚平息，吐蕃就攻占了长安。唐代宗李豫仓皇出逃陕州。

快通知郭子仪前来平乱！

郭子仪之前因为宦官程元振的排挤，被收回了兵权。如今他临危受命，再次救大唐于危难之中。郭子仪率军击败吐蕃，收复长安。12月，李豫返回长安时，重赏了郭子仪，将程元振罢官流放。

哥还是当年的哥！

又老又帅

此时大唐内忧不断，外患刚平，为了管理大唐广袤的疆域，唐代宗李豫只好重新任用安史叛军中的将领，镇守河北等地，但从此埋下了藩镇割据的祸根。

哈哈哈！造了一场反！又回到老家了！地盘还扩大了！

皇上真是便宜你们了！

这样的决定让平定安史之乱的功臣非常不满。尤其是大功臣仆固怀恩，为了平定安史之乱，他的家族46人为国殉难，可谓满门忠烈。为了向回纥借兵，他又将两个女儿嫁到回纥和亲。

我真是太难了！

无奈

但安史之乱后，唐代宗李豫不再相信这些手握大军的武将，李豫先后解除了郭子仪、李光弼的军权，仆固怀恩这样外有姻亲的大将军更是饱受猜疑。

陛下，仆固怀恩昨天亲自护送回纥的女婿回漠北，可要小心他谋反啊！

小本本记下来。

我就是想我女儿了！又打我小报告！

君臣失信，宦官诬告，让仆固怀恩心里委屈又悲愤。公元765年9月，仆固怀恩谎称唐代宗已死，他集结了吐蕃、回纥、吐谷浑、党项等部族数十万大军进攻大唐。而他的对手，正是曾经并肩作战的上司郭子仪。

大兄弟！你脑子被驴踢了吧！

人言可畏，我谋反那是被逼的！

第十二章　力挽狂澜

仆固怀恩的老母亲知道自己儿子造反之后，气得提刀追杀他。

> 吾为国家杀此贼，取其心以谢三军！

但就在 9 月 27 日，仆固怀恩心中激愤，在军营中暴病而亡。郭子仪一举平定了叛军。

> 唉，他不想谋反的，实在是脑子被驴……哦不，被身边的人误导了啊！

遗憾

经历数次变乱，唐代宗李豫和李适父子俩都不再信任武将，而是委任亲信宦官为禁军统帅。

> 你被炒了！

> 你来做武将吧！

> 皇上！我能举得起一块砖头呢！

此时，藩镇的势力日渐增强。各大藩镇主帅拥兵自重，根本不把朝廷放在眼里。

> 藩镇无法无天，可为了休养生息，也只能如此了。

唉！

之后的十几年里，藩镇与藩镇之间为了争夺地盘战乱不断，朝廷不得不出兵劝架。唐代宗李豫为了维持表面的稳定，也只能一味纵容。

> 别打了别打了，大家都是好孩子！

长达8年的安史之乱对大唐是一个沉重的打击，大唐帝国的人口8年间减少了3600万。

−3600万

饱受战争摧残的百姓为了躲避战乱，举家逃往南方。唐朝的人口和经济开始南移。

咱们到南方种地去，那里没有战争。

这让都城长安和北方地区出现了人口和粮食危机。李豫命人疏通漕运，将南方的粮食运到长安城，成功缓解了长安城的粮食危机。

安史之乱后大唐国库空虚，李豫又下令将盐、铁等大额交易商品由国家专营，快速恢复了战后国家财政收入。

搞定！

李豫严格管理赋税和国家财政，国库逐渐充实。

唉，终于能松一口气了！

公元 779 年春，为大唐劳心劳力一生的唐代宗李豫一病不起。他带领内忧外患的大唐帝国走过 17 个春秋。而之后的大唐王朝能否远离战火，重现昔日的辉煌呢？

一病不起

帝王家庭小剧场

失踪的皇后

　　李豫的妃子沈氏是一位才华和美貌兼备的女子。安史之乱爆发后，沈氏无法与李豫一同逃走。李豫回到长安后曾想好好安顿她，但随后洛阳陷落，沈氏又与李豫失散。此后李豫昭告天下苦寻沈氏40年，可她却始终生死未卜。

　　李豫将两人的孩子、长子李适立为太子，一生不立皇后。

寻人启事

身高：秘密
体重：秘密
年龄：秘密

提供线索必有重谢

电话：12345600780

　　李豫死后，寻找沈氏的任务落在李适身上。曾有个和沈氏样貌很像的女子冒充沈氏，但李适识破后却没有治她的罪。

> 算了，有找到我母亲的线索都行，就算是假的也没关系。

冒充

李适

第十三章　至暗时刻

中唐篇

公元 779 年 6 月，唐代宗李豫因病驾崩，李豫的长子也就是皇太子李适即位登基，史称唐德宗。这年，李适 38 岁。

唐德宗

李适

唐德宗李适出生那年是太爷爷李隆基执政的天宝元年，那时正是大唐盛世的巅峰。但在他 14 岁那年安史之乱爆发，他在家国战乱中长大成人。

> 青春才几年！平叛占八年！嘤嘤嘤！

唐德宗李适从小看着爷爷唐肃宗、父亲唐代宗劳心劳力，到了他这辈儿，此时的大唐还是问题重重：藩镇割据、宦官专权、外有强敌。于是，李适怀着雄心壮志闪亮登场。

> 我一定要重振大唐雄风！

> 好小子看你的啦！

唐肃宗　　唐代宗

第十三章　至暗时刻

李适一登基，就下令朝廷内外崇尚节俭，不再接受国外的贡物，也不再接受民间的奇珍异宝。

然后他大刀阔斧地"炒鱿鱼"。他先把唐玄宗创立的"梨园"解散，炒了300多名乐工。又把宫廷里数百名宫女遣散。最后还把宫里豢养的宠物大象、豹子、斗鸡、猎犬等统统放逐。

唐德宗李适疏远了曾经大权在握的宦官们，重用不少朝中的文官，又从宦官手中夺回禁军兵权，给了他信任的文臣白志贞。

李适还下令拆毁贪官污吏的豪宅，民间百姓有冤情的，可以进京击鼓鸣冤。这一系列举措，让百姓交口称赞。朝野上下看到了新皇帝立志振兴大唐的决心。

朕要让大唐恢复到太爷爷那时候的盛世！

但安史之乱以来，藩镇之间土地兼并严重，失去土地的百姓们纷纷逃亡。大唐曾经施行的租庸调制很难维持下去了。

百姓没有土地种，国库哪收得上税呀！

唐德宗李适任命了著名的财政学家杨炎做宰相。杨炎是大唐理财小能手，他废除了租庸调制，重新为大唐制定了一项赋税制度——两税法。

从今以后，不再以人丁作为征收标准，改为以土地拥有面积、资产额度划分贫富等级征收。富的多交，贫的少交。

杨炎

两税法

人丁　土地

第十三章 至暗时刻

两税法还免去了原先各种名目的税收，简化了交税时间和交税方式。

> 在每年的夏天、秋天收税，每次只征收土地税和户税。

两税法不仅减轻了贫困老百姓的负担，还挽救了帝国危机重重的财政。两税法施行后，国家税收不断增加，这让大唐逐步重回正轨。

> 国库打理得不错嘛！喀喀，还有我的私房钱也交给你打理吧！

> 陛下放心！都交给我！

杨炎理财有功，还长得帅，但没想到，他居然被他的搭档——另一个宰相卢杞陷害致死。这个卢杞专门嫉妒比他有能力的大臣。

> 比我帅的，都得死！

> 记住这张丑脸，他后面还要出来捣乱！

卢杞

205

唐德宗李适登基执政以来治国有方，博得满堂喝彩。如今他要处理大唐的心腹大患，就是藩镇割据。

这时的藩镇已经完全脱离了朝廷的管控。尤其是河北的三大藩镇，每个节度使都手握重兵，自己设立文官武官，自己征收赋税，不向朝廷纳贡，还经常互相勾结对抗朝廷。

李适一直在等待机会，进行一场削藩之战。公元781年，成德节度使李宝臣去世，他的儿子李惟岳上书朝廷，请求继承节度使。

第十三章 至暗时刻

这可把河北的节度使们吓出一身冷汗,因为世袭制是节度使最大的利益。

都发了三封信了,皇上还是不准、不准、不准啊!

看来,皇上是下定决心要削藩了。

这节度使的位置,给你,你也叛乱,不给你,你也叛乱,朕干脆不给了!

刚好这时候,大唐守护神郭子仪去世了。李适下令厚葬郭子仪,文武百官都去郭家吊唁。

我怎么感觉有什么事要发生……

河北藩镇节度使们趁此机会起兵造反！李适派出朝中大将平叛，很快旗开得胜，昏懦无能的李惟岳兵败被杀。

但李适高兴得太早了。在瓜分李惟岳的领地时，其他节度使见李适分赏不公，幽州节度使朱滔带头联合魏博节度使田悦、淄青节度使李纳和淮西节度使李希烈等人，再次举兵叛乱。

> 看来皇上还是下决心削藩，不如咱们一块儿反了！

原本，朝廷和河北几大藩镇的军事力量旗鼓相当，但带兵强悍的李希烈迅速占领了汴州（如今开封），切断了长安城物资供应的路线。朝廷顿时失去了战局优势！

> 陛下！咱们的物流快递没法进长安了！

> 什么！

第十三章　至暗时刻

公元 782 年的 11 月，藩镇的战火从河北蔓延开来。一夜之间节度使们各自称王，大唐帝国瞬间回到战国时代。

眼看东都洛阳战况告急，唐德宗李适心中满满的挫败感。这时朝廷中的奸相卢杞为了扩大自己在朝中的势力，竟然建议李适派另一位宰相颜真卿去和李希烈谈判。

陛下，颜真卿大人长得又帅又有文化，去和李希烈谈判，肯定能不战而屈人之兵！

好吧！

颜氏一门世代忠良。在安史之乱中,颜真卿亲自率军抵抗史思明的大军。忠心刚正的他得到满朝大臣的敬重,却遭到卢杞的嫉恨。

> 终于让我找到机会了!

机会来了

这年的颜真卿,已经年逾古稀。朝中大臣们纷纷上书李适请求收回成命,有的甚至去找颜真卿,阻拦他出行。

> 颜大人一去岂不是送死啊!

> 国难当头,大唐怎能失去国老呢!

忠心刚正

颜真卿

> 这是圣旨,国家的命运也是我的命运,我岂能逃避呢?

颜真卿在家中留下遗书，毅然来到李希烈等叛军的军营。面对明晃晃的尖刀和谩骂，颜真卿面不改色，宣读皇帝李适的宣慰圣旨，他的威仪震慑了叛军将领们。但叛军最终还是将颜真卿杀害。他的死讯传回长安，三军为之痛哭。

颜真卿的书法被称为"颜体"。经过他一生阅历、性格和气魄的锤炼，境界辽阔，气势磅礴，是他高尚的人格与书法完美结合的典例。

气势磅礴

削藩的战乱持续到公元783年11月，李适调动泾原兵马回来守卫长安。士兵们连日奔波，来到长安却傻了眼。

> 不仅没有犒劳！还给俺们吃冷菜冷汤！

> 我们要冲进皇宫吃大肉！

泾原士兵居然发生哗变，一举冲向皇宫大肆抢劫金银珠宝。这就是历史上著名的"泾师之变"。唐德宗李适紧急命令禁军护驾。

> 喂！白志贞！快叫禁军来护驾啊！

第十三章　至暗时刻

原来，白志贞接管禁军的这几年玩忽职守，将禁军作为官宦子弟们吃粮饷的大本营，曾经威武的大唐禁军早就失去了作战能力。

陛下别喊了，我们都不会武功啊！

最终，唐德宗李适在太子李诵和一百多名宦官的护卫下逃出皇宫，逃到奉天（今陕西乾县）避难。

可恶的白志贞！到头来，禁军还是交给宦官靠谱！嘤嘤嘤！

泾原乱军把皇宫洗劫一空，才意识到捅了个大娄子！他们干脆一条道走到黑，拥立已经称冀王的朱滔兄长、曾担任泾原军统帅的朱泚称帝。

喂！今天起你就是我们的新皇帝！

就……挺突然的。

朱泚

朱泚这几年退休在家，目睹了大唐天下大乱，但从没想到皇位这个香饽饽居然能掉到自己头上。

要不我就当个皇帝试试！

兴高采烈

从此长安城陷入一场大变乱中。为了让李唐皇室失去民心，朱泚竟然下令屠杀滞留在长安城中李唐皇室的郡王、王孙，一共77人。李唐皇室遭到了前所未有的灭顶之灾。

> 从今天起，老子就是天下的新皇帝。

消息传到奉天，李适悲痛不已，这是他登基以来最惨重的失败。

> 陛下，咱们已经被困一个月了，城里只剩下糙米了！

> 我不饿，先给士兵们吃吧！

朱泚从长安亲自带兵围困奉天，企图一举杀掉唐德宗李适。这场大动乱史称"奉天之难"，整个大唐王朝陷入了至暗时刻。

> 朕没用，让大家陷入危机中，早点去投降可以保住家人们！

奉天之难

> 我们愿至死追随陛下！

第十三章　至暗时刻

但李适在绝望中等来了曙光！郭子仪一手带出来的朔方军，在朔方节度使李怀光、大将李晟的率领下前来勤王。

快看！是朔方军！

这回真打不过了！我先溜了！拜拜！

奉天的危机解除后，唐德宗李适终于明白，是自己削藩之心太过急切，才激起了藩镇与朝廷之间的矛盾。他只好发布了一篇"罪己诏"，同时赦免叛乱的节度使们。

藩镇虐我千百遍，我待藩镇如初恋。

各大节度使打仗也打累了，看到唐德宗李适的罪己诏，他们立刻积极响应。

哎呀！别打了，我要回家吃饭了！

我也累了，去度度假！

215

罪己诏分化了叛军阵营，朝廷军队趁势展开反攻，将剩下顽抗到底的叛军一一击溃。朱泚造反10个月后，不料被自己的部下杀害。这场惨痛的削藩之战，终于落下帷幕。

落下帷幕

这场动乱耗尽了大唐好不容易积攒起来的元气。公元785年8月，关中大旱，连长安都缺水了。

> 没有粮食，连水也没有……

> 让一让，别挡着我喝西北风！

消息传到奉天，朝廷不得不从江淮运来粮食，才解除粮食危机。但是，帝国财政也走到了尽头。李适一下子变成了大唐最穷的皇帝。

> 陛下，朝廷的经费只够咱们维持70天了。

> 大唐就要在我手上破产了！

第十三章 至暗时刻

在唐德宗李适最挫败的时候,他终于想起一个人:李泌。

先生!朕想死你了!快救救朕!救救大唐吧!

鼻涕别擦我身上。

李泌

安史之乱中,被称为"布衣宰相"的李泌立了大功,但遭到两朝宰相的排挤后,李泌回山隐居。如今大唐有难,他第四次入朝做宰相。

我的一生比股票还精彩。

起起 落落 起起 落落

有了李泌的帮助,唐德宗李适吃了颗定心丸。奉天之难后,唐德宗重新委任宦官为禁军统帅,仍对武将们多有怀疑。李泌直言进谏,消除了李适对忠臣武将的猜忌,避免那些有能力的武将被逼谋反。

多亏了先生啊!

217

唐德宗李适有意废掉太子李诵，但李泌出面冒死保全太子，避免风雨飘摇的朝廷卷入一场夺嫡风波。

> 你们都给我消停点儿！

李诵

在边疆问题上，唐德宗听从李泌的建议，与当时高傲的回纥和亲，一起联手抵御吐蕃的进犯。在李泌的辅佐下，唐德宗李适终于把大唐从生死动荡的边缘拉回来。

公元805年正月初一，大唐又迎来了新的一年，王公贵族都来给唐德宗李适拜年。但李适的病情已经一天比一天严重。此时人们发现，太子居然没有来。

> 奇怪，太子怎么能不来！

> 别怪他，喀喀喀……

公元805年2月25日，李适驾崩，享年64岁。但奇怪的是，皇宫中居然一直封锁太子的消息，原来太子李诵竟然早已病重！

驾崩

帝王家庭小剧场

隔代亲

唐德宗李适有 10 个儿子。太子李诵有个儿子叫李諴（yuán），唐德宗超级疼爱这个孙子，居然下旨把李諴封为自己的儿子。李諴从 7 岁起就受封各大官职，但只活到 18 岁就去世了。

> 你这个儿子我要了哈！从今以后他就是你弟弟！

> 把我的儿子还给我！！嘤嘤嘤！

李适　　李諴　　李诵

李诵

第十四章 短暂改革

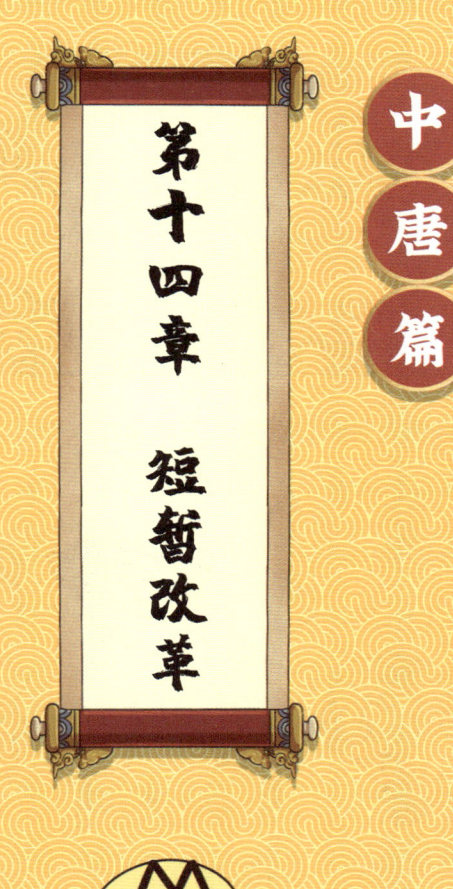

中唐篇

唐德宗李适驾崩的时候，没来得及立下传位遗诏。但太子想要即位，也没那么容易。

宦官敢这么嚣张，其实是因为太子李诵在去年9月突然中风瘫痪了。

唐德宗李适执政后期，一个叫俱文珍的宦官，掌握了朝廷的财政和军事大权。唐德宗驾崩当天，俱文珍封锁了宫内的消息，一场政治动乱即将爆发。

第十四章 短暂改革

但是，医学史上的奇迹发生了。

你说谁残了？

太子李诵整整瘫痪了一个冬天之后，居然以惊人的意志力站了起来。只有李诵自己知道，此刻对于大唐有多重要。

这是我李诵的一小步，却是大唐的一大步……

就在唐德宗李适驾崩后的第三天，公元805年2月28日，正月二十六，李诵强撑着病体召见文武百官，登基为帝，史称唐顺宗。

唐顺宗

这皇帝病重到话都没法说了！

哼！我倒要看看他能撑多久！

这一天，李诵已经等了很久。

> 我19岁被立为皇太子，然后超长待机26年。

唐顺宗李诵是唐德宗的长子，从小就很聪明，还写得一手好字。他父亲唐德宗作诗赐给大臣时，都是让李诵书写的。

> 哇！我拿到了太子殿下的亲笔！

好好学习

太子李诵武艺高强，当年发生"奉天之难"，他背着弓箭亲自护送唐德宗逃出皇宫。当奉天被叛军围城时，李诵身先士卒，带领将士奋勇杀敌。

> 太子殿下能文能武，真是我们共同的偶像！！

李诵做太子的时候，最看不惯的就是——宦官。

宦官

第十四章 短暂改革

当时朝廷施行"宫市",就是由宦官们直接到民间采购宫廷用品。这些宦官唯利是图,就趁机敲诈百姓,搜刮民脂民膏。

买你的东西是皇上给你面子!还敢要钱!

简直太过分了!嘤嘤嘤!

在军事上,宦官集团掌握了禁军,大唐军队中的重要职务居然都是由宦官担任的。

都是你做的模型吗?

这是军事沙盘!你到底懂不懂啊!

太子李诵早就想对这些权倾朝野的宦官动手了。

我要让父皇废了这些狗奴才!

太子冷静点儿!不要为了自己的前途得罪这些小人!

225

于是李诵选择了忍耐，小心谨慎地当了这么多年太子，但如今，他只能拖着病体登上皇位。

就算我走不了路、说不清话，我也要实现我的治国理想！

唐顺宗李诵当年做太子时，四处寻找能建设大唐的能臣，组建了以宰相王叔文为首，还有柳宗元和刘禹锡两大文豪的超级智囊团。

暗号：点头yes，摇头no！

皇上好好养病！改革任务就交给我们吧！

王叔文

这场改革史称永贞革新，颁布了很多对社会有利的政策，宣布废除宫市，禁止宦官搜刮民间财物，免除了百姓的欠税，禁止官吏额外进献等。

这才是俺们的好皇帝！

俺们终于能存钱了！

宰相王叔文还下令更换禁军将领，这下大大触犯了宦官们的利益。最有权势的宦官俱文珍坐不住了。

想拿回军权？想得倒挺美！

你你你……居然敢违抗圣旨！

第十四章 短暂改革

俱文珍带着宦官集团对抗宰相王叔文的改革。他拒绝交出禁军军权，又居然背着唐顺宗伪造任职书，禁止王叔文参加国家政事的决策。

俱文珍还联合守旧派的大臣，拥立了唐顺宗李诵的长子李纯为太子。

唐顺宗李诵病重，太子李纯顺理成章接手了国家政事，这让宰相王叔文的改革政策彻底夭折了。

到了 9 月，唐顺宗李诵的病越来越重，连点头摇头都很困难了。

俱文珍召集士族公卿拟定退位诏书，逼迫唐顺宗李诵让位于太子李纯。李纯登基即位，史称唐宪宗，让李诵做了太上皇。

公元 806 年 2 月 11 日，太上皇李诵驾崩，年仅 45 岁，他在位仅仅 186 天。李诵一死，大宦官俱文珍就将参与永贞革新的大臣们全部贬到边远山区。这场本能挽救大唐的改革仅持续了 3 个月就宣告失败了。

因为拥立新君有功，宦官集团的势力在大唐朝廷中得到了进一步巩固。但新登基的唐宪宗李纯真的会任由宦官们摆布吗？

帝王家庭小剧场

顺宗之死

　　唐顺宗李诵的死因一直是一个谜团。前一天，唐宪宗刚对外宣布太上皇李诵病重，一天后李诵就驾崩了。

　　很多唐代传奇小说都考证李诵是在当太上皇期间被宦官害死的，也有学者认为是唐宪宗李纯与宦官合谋暗算了他爸爸唐顺宗。

> 我的儿子怎么会这么做？！我不相信！

难以置信

李纯

第十五章 元和中兴

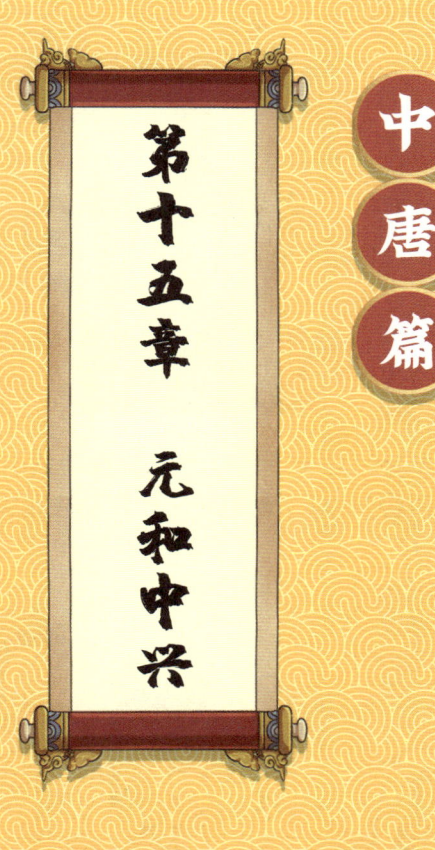

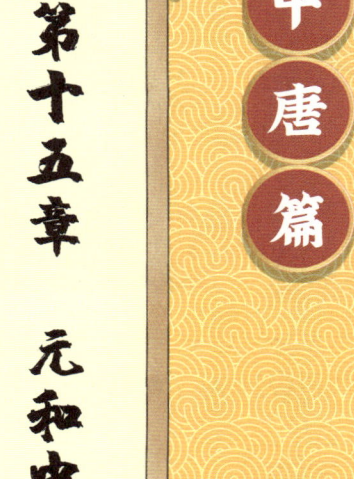

中唐篇

公元805年的大唐王朝已经乱成一锅粥，外有河朔藩镇割据，内有宦官专权。9月，唐顺宗李诵禅让皇位，皇太子李纯登基，史称唐宪宗。这年李纯27岁。

但这样一位年轻的皇帝，却成了大唐最负盛名的三大帝王"唐羡三宗"之一。因为唐宪宗李纯完成了他祖辈三代都没有完成的事业——削藩！

唐宪宗李纯在6岁的时候就显出了帝王之相。

第十五章　元和中兴

如今唐宪宗李纯即位,距离安史之乱的结束已有 43 年,但大唐仍然风雨飘摇。一切都是因为河朔几大藩镇之间的割据战争。

削藩尚未成功!

李纯仍须努力!

唐宪宗李纯任命了以强硬派为主的大臣为宰相,开始谋划削藩行动。李纯当然记得当年他爷爷唐德宗削藩太急而引发的奉天之难。

这次,我们要讲究点儿战略!

唐宪宗先来了一招分化瓦解,挑拨藩镇之间的内部矛盾。

哎哟!老弟,听说那个谁对你很不爽呀!

哎哟!大伯,某某某又在私底下说你坏话!

233

藩镇之间打得更乱了，没有工夫反抗朝廷。唐宪宗李纯的机会来了。

柿子可以挑最软的捏！

第一个送来的软柿子，就是西川节度使刘辟。

这个刘辟的脾气比他的兵力还大，他攻下其他藩镇，想给唐宪宗一个下马威。

皇上，不给我更多的领地封赏，我就继续打下去！

好好好，给给给……给我打！

刘辟

唐宪宗李纯听从宰相杜黄裳的建议，撤掉宦官监军，任命武将高崇文大举进攻，唐朝军队八战八胜！

放我去打仗！我的大刀已经寂寞难耐了！

高崇文

其他各大藩镇看到刘辟的惨败，纷纷上书朝廷表示以后都乖乖听朝廷的话。

但也有个别藩镇小看朝廷削藩的决心。夏州节度使的侄子杨惠琳就企图用武力催逼朝廷任命自己做节度使，代替他大爷。唐宪宗李纯果断出兵平乱。谁知，军队还没到，杨惠琳却被自己的部下干掉了。

同样，想叛乱的镇海节度使李琦也被部下们押到长安。唐宪宗李纯不费一兵一卒就拿下了镇海藩镇。

连续平定三个藩镇，唐宪宗李纯和他的宰相们信心满满，他们将目标瞄向了强大的藩镇。但那些强大的藩镇也立刻开始抱团，联手对抗大唐朝廷。

> 兄弟们干了这杯酒！我们跟朝廷杠到底！

> 干杯！！

接下来，唐宪宗李纯开始了长期而艰苦的削藩战争，这一打就是14年。在这期间，节度使们居然派人暗杀朝中宰相，连续有两位宰相一死一伤。大臣们都不敢来上朝了。

> 皇上！我们已经把皇宫安保增加到十级了！

但这点困难不算什么，唐宪宗李纯稳稳把持着国家财政大权，保障削藩战争有充足的粮草供应。

> 就是有钱！就是任性！弟兄们冲啊！

第十五章 元和中兴

削藩收回的藩镇，唐宪宗李纯任命贤臣进行管理，而将节度使召到自己眼皮子底下做官。

> 我们堂堂节度使就这么变成了人质！嘤嘤嘤！

公元819年，随着最后一个节度使投降，削藩战争终于结束了，大唐王朝再次统一，史称元和中兴。

元和中兴

> 万岁！！

> 天下终于太平了！

辛苦打了十几年仗，41岁的唐宪宗李纯终于可以歇歇了。

> 皇上快来呀！大家等着您登场呢！

> 太俗了！朕才不去！

如今唐宪宗李纯啥都不缺，国库有钱、江山稳定，更顶着削藩成功的巨大光环。他现在最大的愿望就是——成仙！

成功人士当然是要追求长生不老啦！

对于朝政，唐宪宗李纯也渐渐放手，又犯了之前爸爸爷爷辈犯的错误——宦官干政。宦官势力再次在朝中强大起来。

皇上，十几年前拥护您登基，奴才们才是大功臣哪！

是啊，我们最忠心啦！

那你们就去帮我管理财政和军队吧！

朝中大臣们纷纷劝唐宪宗当心宦官专权。当时担任翰林学士的大诗人白居易，冒着风险向唐宪宗进谏。可唐宪宗非但不听，还把他贬得远远的。

就你多嘴！权力都是朕的，想收就收，想放就放！

白居易

痴迷修仙的唐宪宗李纯还决定花大价钱，迎接佛骨到皇宫供奉。在朝中做吏部侍郎的大文学家韩愈坚决反对，还要求唐宪宗烧毁佛骨。这可惹怒了唐宪宗，直接把韩愈贬到几百里外。

唐宪宗李纯沉迷修仙不可自拔，还派人四处收集秘方草药，终于炼出了"长生仙丹"！

其实所谓"仙丹"，就是多种重金属矿石投入炼丹炉提炼出的混合物。在高温中多种剧毒化学物质，如铅、汞等被释放出来。人吃了不仅不能长生不老，反而会中毒身亡。

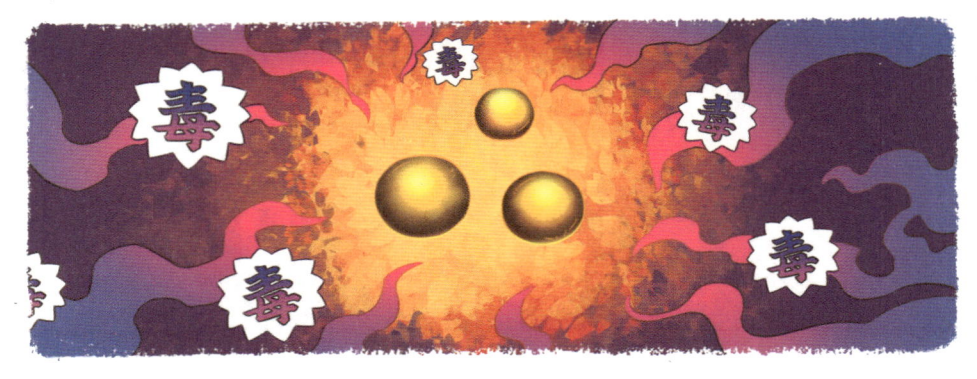

唐宪宗李纯却大把吃着有毒的"长生药"，毒素在体内积累得越来越多，导致他性情大变，动不动就发火迁怒身边的宦官和宫女。

饭太难吃了！来人！把他们都斩了！

皇上饶命啊！

那段时间，几乎每天都有宦官和宫女被杀头。宫中人人自危，宦官们开始暗中计划拥立新皇帝。

早晚都是死，咱们要不先下手为强把皇帝炒了？！

宦官集团分为两派：在朝廷中掌管大权的宦官们策划立二皇子李恽（yùn）为太子；后宫中的宦官们和郭贵妃联合，策划立三皇子李恒为太子。而这位郭贵妃可不是好惹的。

郭子仪

我爷爷可是大唐守护神郭子仪！我的儿子以后必须是皇帝！

郭贵妃

第十五章　元和中兴

这两个皇子，唐宪宗李纯都不喜欢，他最喜欢的是自己的长子李宁。唐宪宗立李宁为皇太子，结果没过两年，李宁居然病死了。

> 一定是郭贵妃这个坏女人害死了我儿子！嘤嘤嘤！

郭贵妃的家族是大唐朝廷重要的武力支持，郭家许多人是朝廷的武将。唐宪宗因为服用丹药，身体衰弱得厉害，为了维持朝廷内部稳定，只好妥协立郭贵妃的儿子李恒为太子。

> 老妈！我终于做太子了！

> 现在高兴还太早了。

此时朝廷中掌权的宦官全都是唐宪宗李纯的心腹，他们会让新太子李恒在朝中没有立足之地。但郭贵妃和后宫中的宦官们联合起来，决定先下手为强。

> 我有一个计划，保证各位以后跟着新皇帝吃香的喝辣的！

> 娘娘请说！

241

公元 820 年 2 月 14 日，正月二十七，一个月黑风高的夜晚，宦官们偷偷溜进唐宪宗的寝宫，刺杀了唐宪宗。年仅 42 岁的唐宪宗李纯，当年被宦官拥立登基，最终居然又命丧宦官之手。

> 你们干什么！

事成之后，宦官们立刻封锁宫门，任何人都不能踏入皇宫。

> 开门哪！皇上怎么了！

> 不好了！皇上今天吃长生药过量！突然驾崩了！

宦官们又假传遗诏，宣布太子李恒即位。郭贵妃苦心经营多年，终于将自己的宝贝儿子推上了皇位。

> 妈妈，我终于做皇帝了！

唐穆宗

帝王家庭小剧场

晋级太后

郭贵妃是唐宪宗李纯的正妻。但李纯登基做皇帝后，迟迟不册立郭贵妃为皇后。因为李纯担心郭家势力庞大，郭贵妃又过于强势，一定会干涉自己宠爱其他妃子。宁可不设皇后，也不立郭贵妃为皇后，郭贵妃一直怀恨在心。直到她儿子李恒登基为帝，郭贵妃才被册封为皇太后。

恭喜娘娘直接晋级为太后！

老公靠不住，还得靠儿子了！

李恒

第十六章　纨绔天子

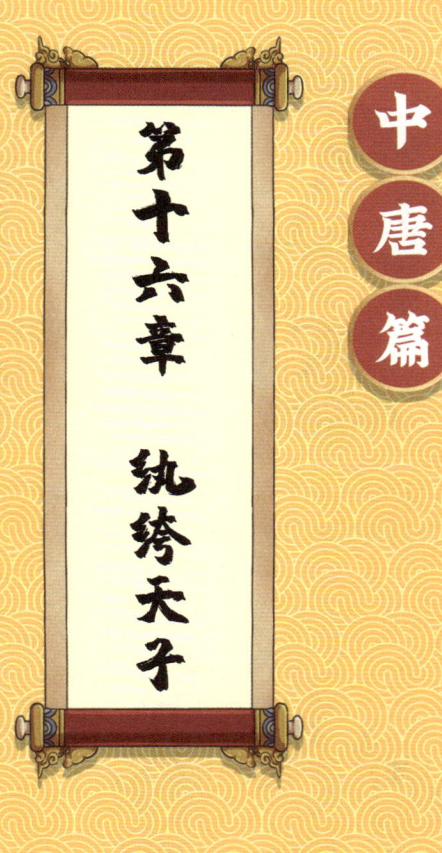

中唐篇

公元 820 年，一夜之间堂堂大唐皇帝唐宪宗李纯成了宦官们的刀下鬼。宦官们拥立皇太子李恒登基即位，就是唐穆宗。这年唐穆宗李恒才 26 岁。

> 皇上，您看这事我办得漂不漂亮？

> 哎呀！不要把真相说出来嘛！

李恒

为了掩盖唐宪宗死亡的真相，宫中一致对外宣称先帝的"死因"是中毒。唐穆宗李恒立刻把负责炼丹的方士们流放到边疆。

> 都是你们害死我爸爸！

> 皇上英明！

接下来，唐穆宗李恒还把先帝的宰相，还有自己当时的竞争对手二皇子李恽连同支持他的宦官们统统除掉。

> 放开我！我可是你哥哥啊！

李恽

> 听不见听不见！

第十六章 纨绔天子

而拥立唐穆宗登基的宦官们都得到了大大的封赏。

皇上赏了这么多金子！今天我请客！

今天我请客！皇上还给了我这么大的官职！

唐穆宗李恒将自己的母亲郭贵妃封为皇太后，将宫廷中最好的贡品都赐给她。郭太后和她的郭氏家族一时间成了大唐最显赫的家族。

妈咪，朕一定会当个好皇帝！您老就好好享福吧！

我儿子真有出息！

那时，朝中的文武百官、民间的百姓们都很看好这个年轻健康的新皇帝。

是时候要大干一番事业了！

我们大唐要再次崛起了！

但登基还没一个月,唐穆宗李恒让所有人大跌眼镜。

没错!朕最擅长的就是娱乐事业!

宫里的宦官们为了讨好唐穆宗,一个劲儿地鼓励他尽情玩乐。

皇上!我们又给您找到了最新版的游戏!

爱卿快来跟朕组队!打输了有赏!

新皇帝如此昏庸,朝廷中的奸臣们经常围着唐穆宗李恒,陪他看演出、看杂技,跟着唐穆宗四处游玩打猎。

皇上,记得咱们明天要看的歌舞表演哦!

好呀!好呀!

皇上,后天咱们一起去打猎吧!

那时候国库里还有先帝唐宪宗攒下的一点儿本钱，于是唐穆宗李恒花起钱来毫不心疼。

跳舞跳得好！赏1万！
打猎打得好！赏2万！

唐穆宗不是正在玩，就是在去玩的路上，国家大事小情根本不处理。

皇上人在哪儿？！这些政策不能再拖了！

让我见皇上！我有重要军情禀报！

唐朝西北边境战事爆发时，唐穆宗不管不问，还跑到华清宫泡温泉。

皇上再不见臣，臣就一直跪在这里！

别跪这儿啊！皇上泡温泉呢，你去那儿跪！

大人！你这是要去哪儿啊？

我要化身搓澡工潜入温泉！才能见到皇上！

朝廷中真正忧国忧民的大臣们看不下去了，纷纷上书劝谏唐穆宗。

皇上，您再这样玩下去，元和中兴的成果就要不保了！

大臣们不断上书终于打动了唐穆宗李恒，他赏赐礼物给这些忠心劝谏的大臣。

说得好，说得妙！建议提得呱呱叫！

皇上终于心回意转了！太阳从西边出来了！

但没想到，唐穆宗第二天照样沉迷于美色游戏中。

积极认错 就是不改

大臣们对皇帝失望极了。朝廷没了主心骨，臣子之间逐渐分化为两大阵营。一个是以宰相牛僧孺为首的"牛党"，另一个是以翰林学士李德裕为首的"李党"。历史上称这两个阵营的明争暗斗为"牛李党争"。牛李党争长达四十年之久，给大唐晚期的政局带来了严重的破坏。

唐穆宗李恒缺乏治国经验，他的宰相们更是目光短浅。

许多士兵找不到工作，有的只好去当小偷强盗，有的一转头加入了各地藩镇的军队实现再就业。

河朔藩镇向来就是造反专业户。他们刚刚在先帝唐宪宗手里老实了1年，现在又开始骚动了。

> 原来李纯的儿子是个草包！现在正是造反的好时机！

得意

于是几大藩镇接二连三爆发了兵变，短短1个月内战火从河北蔓延向其他藩镇。

> 喂！谁有空去平乱呀？朕很忙，明天还要去看杂技呢！

虽然唐穆宗昏庸，好在大唐还有名将。但一打仗却发现——国库没钱了！更糟糕的是，因为裁撤军队，刚招上来的新兵根本不是藩镇军队的对手！朝廷军队屡战屡败。

> 又打败仗！你们这群武将是草包吗！

唐穆宗李恒为了监视军队，便派出宦官担任军队重要职务。宦官们只会纸上谈兵，打了败仗就让武将背黑锅。

> 皇上，打败仗都是他们的错，他们根本不听我的建议。

> 我辞职！不打了！

> 臭宦官你行你上！

宦官专权、朝政混乱，再勇猛的将军也无法专心打仗。从此，河朔藩镇直到唐朝灭亡都没有再回归朝廷的统治。唐穆宗李恒才即位一年，就把元和中兴14年来的统一成果给丢了。

> 你这个败家子，我真想抽死你！

> 阿嚏！谁骂我？

藩镇的战火眼看就要烧到江淮一带，那里可是大唐帝国最富裕的地区。唐穆宗李恒这才着急了，赶紧召开紧急会议。

> 快想办法救救朕的钱包！朕还指望那边的税收呢！

但此时朝廷的大臣们只想着争权夺利，唐穆宗李恒根本不知道听谁的。

皇上听我的！我才是为皇上着想！

别吵了，烦死了！

你这个小人！只想以权谋私！

唐穆宗李恒重新调配了一些武将，暂时扼制了藩镇战火蔓延。

只要不爆发大的战争就行！朕明天还要出去打马球呢！

李恒天真地以为自己能继续玩乐下去，但命运早已算好了代价。公元821年，唐穆宗和宦官们一起打马球。一个宦官突然坠马，惊吓到了唐穆宗。

快传御医！皇上被吓晕了！

唐穆宗李恒竟然突发中风，瘫痪在床。朝廷上下顿时惶惶不安，因为唐穆宗还没有立太子。

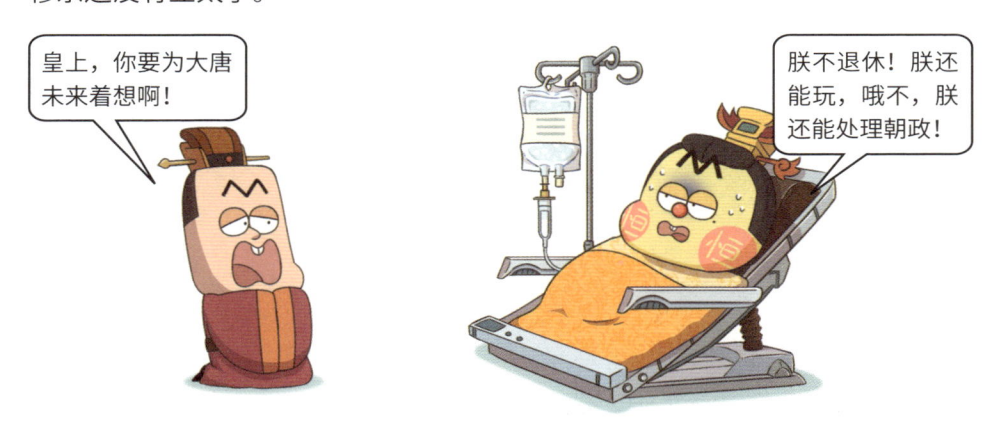

唐穆宗李恒的 5 个皇子都没有成年，最大的儿子李湛只有 14 岁。无奈之下，他只好立了李湛为太子。

唐穆宗李恒病了一年，发现自己身体没有好转。面对死亡的恐惧，他居然走上他老爹唐宪宗的老路——修仙！

公元 824 年 2 月 4 日，正月初一，唐穆宗李恒最后一次坐在金銮殿上接见文武百官。新年伊始，他以为自己将会痊愈。

> 大家新年好，朕给大家发红包！

可到了 2 月 23 日，唐穆宗的病情急剧恶化。两天后，这位在位 4 年、年仅 30 岁的大唐帝王驾崩了。一位纨绔天子的离去，留下了分崩离析的朝廷和江山。

领盒饭

这时候，有大臣建议郭太后带着郭氏家族临朝称制，重整大唐河山。大唐会迎来第二个女皇帝吗？

> 哦？你们竟然想让我学武则天？

帝王家庭小剧场

遗传病

李唐皇室其实一直被一种严重遗传病折磨，许多史料中记载，他们出现了同样的症状：轻者头晕目眩，重者瘫痪在床。这种病在古代被称为"风疾"，从现代医学角度解释是心脑血管类疾病。从唐高祖李渊开始，"风疾"贯穿了整个大唐。叱咤风云的李世民晚年也没有逃过病发的命运，唐高宗李治一生都被风疾折磨。大唐有7位皇帝因"风疾"去世。

还不是因为高祖李渊！

我们才有遗传病！嘤嘤嘤！

都给我反省反省！咱家死于政变的比死于风疾的可多多了！

唐高祖

李昂　李湛　李炎

第十七章 帝宦之争

晚唐篇

唐穆宗李恒驾崩后,他母亲郭太后面前有两个选择:

> 太后是时候做女皇了!

> 太后要升职啦!

郭太后心知肚明,当年武则天能成为女皇帝,是因为她对朝廷拥有绝对的掌控能力。但如今的大唐,宦官势力掌管了皇宫里各样事务,又渗透到朝廷中的大小部门。他们不但蒙蔽文武百官,甚至直接掌握了皇帝的废立,把大唐搞得乌烟瘴气。

郭太后和她身后的郭氏家族已经坐享近百年的荣华富贵,她才不想和宦官势力直接硬碰硬。

> 我才不做女皇,儿子没了,我还有那么多皇孙呢!

唐穆宗李恒有 5 个皇子，他的大儿子也就是刚立的皇太子李湛，才 16 岁。

你们谁有能力谁就来辅佐太子做新皇帝，我要去当太皇太后了！

但令郭太后没想到的是，她一连当了三届太皇太后！因为唐穆宗李恒一连有 3 个儿子都当了皇帝。

我的教育成果相当显著啊！

唐敬宗　唐文宗　唐武宗

其实，唐穆宗的 3 个儿子能当上皇帝，都是宦官操控的。

李湛

公元 824 年，年仅 16 岁的皇太子李湛登基即位，史称唐敬宗。唐敬宗身边围绕的都是宦官，而非治国的贤臣。

> 皇上还是个孩子，你们这些大臣不要跟他谈工作！

年少的唐敬宗李湛对治国毫无兴趣，他只继承了老爸唐穆宗的娱乐基因。

> 老爸，你的玩具我替你玩，你的钱我替你花！

> 不许碰我的限量版手办！嘤嘤嘤！

唐敬宗李湛特别不喜欢上朝，自从登基以来，每天都睡到大中午。

> 就算是神仙来，也不许打扰皇上睡懒觉！

摊上这样一个把国家责任抛在脑后的皇帝,大唐臣子们很是震惊。为了让唐敬宗上朝,大臣们甚至亲自去催他。

皇上起床啦!皇上起床啦!!

我是谁……我在哪儿……

大唐的臣子们天不亮就起来上早朝,可皇帝不来,谁也不敢走。当唐敬宗李湛磨磨蹭蹭来上朝,有的大臣已经站晕了过去。

啊,既然你们都晕了,那就退朝吧!

很多臣子看到唐敬宗如此贪图享乐,纷纷上书劝谏。

写得真好,下次不要再写了!

有位贤臣刘栖楚为了催促唐敬宗上朝竟然付出了血的代价。

第一年，李湛上朝天天迟到。到了第二年，李湛胆子更大了，干脆连上朝都不去了。

不爱上朝的唐敬宗到底在忙什么呢？原来唐敬宗在宫里修建了豪华的马球场，跟宦官们一起打马球。

第十七章 帝宫之争

为了增加娱乐项目，唐敬宗李湛居然叫来精锐的神策军，让身强体壮的士兵给他表演摔跤、拔河、散打等游戏。

我宣布，大唐第一届运动会开幕！

这个昏君把我们当猴耍呢！

唐敬宗李湛和宫女妃嫔们玩乐时，发明了一种"风流箭"，在纸做的箭头上蘸满香粉。

看看谁今天是朕的猎物！

风流箭

皇上看这里！看这里！

265

唐敬宗为了看龙舟比赛，竟然要斥巨资打造 20 艘豪华龙舟。谏官张仲方苦苦规劝皇上收回成命，他才不情不愿地减去一半。

> 皇上深思！豪华龙舟可要花去国库一年的经费啊！

张仲方

> 不管不管！朕就是要看龙舟！

这位贪玩的小皇帝，不知不觉被一个人盯上了。

> 这年头，混混都能当皇帝，那我有什么不可以！

盯

这个人叫张韶，只是皇宫里一个小小的染坊工人。他竟然联合一帮人偷偷制订了刺杀唐敬宗的计划。

> 嘿嘿！皇上，我要给你点儿颜色看看！

阴险

张韶

第十七章 帝宫之争

张韶偷偷把武器藏在染料车中运进皇宫，趁唐敬宗李湛打马球时上前行刺！幸好神策军及时赶到，将这帮乌合之众一网打尽。

真是讨厌！要不是这帮人捣乱，朕差点儿就赢球了！

这事之后，唐敬宗李湛非但不长记性，反而玩得变本加厉，没日没夜地让宦官和士兵们陪他玩。

皇上，臣……臣要睡觉……

睡什么睡！不陪朕玩，朕就把你斩了！

一心玩乐的唐敬宗李湛，丝毫不把手下的宦官和士兵当人看待。他们一旦犯了小错，就被唐敬宗辱骂，严重的就要挨打。要是不合唐敬宗的心意，还会被削掉官职。

> 我们当年怎么扶持了这么个皇帝呀！

宦官们人人自危，觉得这个疯玩的皇帝越来越失控。

> 我们能把你推上皇位，也可以把你拽下来！

黑化

公元827年1月9日深夜，唐敬宗带着几个亲信宦官出去打猎。那晚唐敬宗李湛打猎到很晚才回宫中，在他休息时，宦官刘克明、禁军将领苏佐明将他刺杀了。

> 举着刀干吗？打猎还不够累吗？

苏佐明　刘克明

第十七章　帝宦之争

杀死唐敬宗后，宦官刘克明立刻伪造圣旨，谎称唐敬宗暴病身亡，下令绛王李悟（唐宪宗李纯的六儿子）接手国家事务。

> 我重新挑一个新皇帝！

这时候，宫廷里的大宦官王守澄坐不住了。他可是当年刺杀唐宪宗李纯、又拥立了唐穆宗李恒登基的主谋之一。

> 这熟悉的套路，不是抄我的吗！

暴跳如雷

同为宦官的王守澄看穿了刘克明的计划，他赶紧先下手为强，率领禁军干掉了刘克明和绛王李悟。

> 小样儿，跟我玩还嫩了点！

紧接着，王守澄把唐穆宗的二儿子李昂接过来。

你们抓我干什么！

公元 827 年 1 月 11 日，就在唐敬宗李湛被害两天后，宦官王守澄拥立李湛的弟弟李昂登基为帝，史称唐文宗。

皇上，不做个好皇帝，我可要打你屁屁哟！

第十七章 帝宫之争

唐文宗李昂和唐敬宗李湛同年出生，登基这年，李昂也才17岁。

> 给大家介绍一下这是我弟弟！我俩从小一起在宫里长大！

> 但我俩很不像。

经历了一个疯玩的唐敬宗，大唐臣子们对同样年少的唐文宗李昂毫无信心。

> 唉，又来一个小皇帝……

> 哼！这个又能好到哪儿去！

> 我……我真的和李湛不一样！

唐文宗李昂性格爱好和唐敬宗截然不同。他外表温和儒雅，从小博览群书，尤其爱看唐太宗李世民的工作笔记《贞观政要》。

> 快跟我出去玩啊！看什么书啊！

> 太宗爷爷真是太伟大了！嘤嘤嘤！

271

唐文宗李昂立志要成为唐太宗李世民那样的明君。他一登基，就把他哥唐敬宗的三千宫女遣散了，又把唐敬宗留下狩猎用的鹰犬全部放生，马球场都划归各部门，甚至把唐敬宗的私房钱都收归国库了！

> 快住手！我的钱！我的马！我的美人和限量版玩具！你居然统统不要！

> 我就是要和你这个败家子划清界限！

唐文宗的举动更是让大臣们眼前一亮——他不仅准点上朝，还孜孜不倦地和大臣们商讨政务，天天加班。

> 众位爱卿加班辛苦了！

> 为大唐服务！我们不辛苦！

唐文宗李昂生活节俭，不近女色，也不爱音乐歌舞。他只喜欢读书，常常和学士们讨论文学，与宰相们吟诗作对。唐文宗李昂有6首诗还被收录到《全唐诗》中。

> 恭喜皇上的诗入选诗集！

> 我喜欢的他都不喜欢，我不擅长的他都很擅长。

在唐文宗李昂的治理下，大唐一度松懈废弛的政局逐渐变得平稳。可唐文宗李昂没法真正实现自己的治国理想。

因为一只无形的大手控制着唐文宗李昂，这就是大宦官王守澄和他带领的宦官集团。王守澄实际上掌控着朝廷官员的调动，甚至是皇帝的生死废立。

立志成为一代明君的唐文宗李昂，真的甘心被宦官玩弄于股掌之中吗？

为了避免自己也变成宦官的刀下鬼，唐文宗和宰相宋申锡暗中策划除掉宦官。结果消息被王守澄安插在宫中的探子打听到了。

宋申锡

王守澄立刻制订了计划，诬告宰相宋申锡谋反，唐文宗李昂明知道宋申锡是冤枉的，但软弱的他无法保全手下的宰相。宋申锡被贬出朝廷，在贬谪的地方去世了。

哼，跟我玩这招，你们还太嫩了！

是朕救不了你，嘤嘤嘤！

是臣无能，臣无法救陛下呀！嘤嘤嘤！

唐文宗李昂没有放弃打击宦官。他又调用了两个大臣李训和郑注。这两人曾经是宦官集团提拔的官员，让王守澄放松了警惕。李训和郑注利用宦官之间的利益纠纷，拉拢王守澄。又给王守澄更高的职位，实际夺走了王守澄手中的兵权。

哎呀！兵权交给你我信得过！

大爷您永远是我大爷！

李训

第十七章　帝宫之争

就在王守澄没有实权和兵权的时候，李训端给他一杯毒酒。

> 王大爷，这是皇上吩咐我赏你的。

> 啊……这一天还是来了！

唐文宗李昂对外宣称王守澄暴病身亡，他暗中命人在王守澄葬礼上布下重兵，将前来吊唁的宦官党羽一网打尽。

> 消灭阉党！

唐文宗李昂打击宦官集团获得了第一场胜利。李训升职为宰相，郑注升职为御史大夫，但两人却暗中争抢功劳，从合作者变成了政治对手。

> 二位的目光为何如此深情款款？

> 哼！下一个灭掉的就是你！

> 我看你能得意几天！

郑注

可一个大宦官刚倒下了，另一个大宦官就站了起来。手握一部分禁军兵权的大宦官仇士良成了朝廷宦官集团的新掌门人。

> 仇公公！王守澄被收拾了，您得罩着小的们呀！

> 别害怕，我什么大风大浪没见过啊！

仇士良

仇士良祖上三代都是宫中的宦官，其实他和他爸都是养子。自己更是服侍过四任皇帝，对宫廷斗争的套路了如指掌。

> 宦官不狠，站得不稳！

阴狠

公元835年，宰相李训想抢在郑注之前除掉仇士良，秘密策划了一场行动，声称宫中后院有"甘露"降临，计划将仇士良骗到后院一举歼灭。

> 恭喜陛下！天降甘露是祥瑞啊！

> 快叫仇公公和朕一起去看看！

第十七章　帝宫之争

仇士良来到后院，却发现四周埋伏着带刀侍卫！仇士良转身就逃，顺便绑架了唐文宗李昂。

> 后院有乱兵！保护皇上的有重赏！

仇士良立刻明白，这场兵变的目标是自己。他挟持着唐文宗李昂，下令封锁宫门。

> 给我杀！将这帮乱臣贼子一网打尽！

黑化

仇士良手下的禁军出动，皇宫顿时成了屠宰场，手无寸铁的大臣们都被斩于刀下。残忍的仇士良又下令将参与兵变的大臣以及同僚、家人全部诛杀。4个宰相同时惨死刀下。有1000多名大唐朝臣被害，唐文宗李昂几乎失去了整个朝廷。这场血腥的事变史称"甘露之变"。

甘露之变

甘露之变后，仇士良将唐文宗李昂软禁了起来，挟天子令群臣，仇士良实际掌控了大唐政权，新任命的宰相只负责抄写他的命令。

> 还有谁敢不听我的命令，那就想想甘露之变的后果吧！

> 臣不敢……

被软禁这年，唐文宗李昂才27岁。他知道，自己成为一代明君的梦想已经破灭了，只能借酒消愁。

> 朕现在连一条咸鱼都不如啊！嘤嘤嘤！

> 你还活着总比我强啊！

公元840年，唐文宗李昂在软禁中心情郁闷，生了重病。他只好下令让宰相们辅佐太子李成美。

> 这孩子是我哥李湛的小儿子，我视如己出，你们要好好辅佐他。

> 老弟！你居然想把皇位给我儿子！嘤嘤嘤！

第十七章 帝宦之争

但这事被仇士良知道后,当晚就伪造遗诏,将太子李成美废掉。唐文宗李昂知道后根本无计可施,大臣们也不敢吭声。

皇上,我留您一条命就不错了,另立新君的事您就别掺和了!

公元 840 年 2 月,在无尽的忧愁中,唐文宗李昂带着未能实现的梦想驾崩了,享年 31 岁。

短命

唐文宗李昂一死,宦官首领仇士良就斩草除根,杀死了被废掉的太子李成美,然后拥立唐穆宗的第五个儿子李炎登基为帝,史称唐武宗。

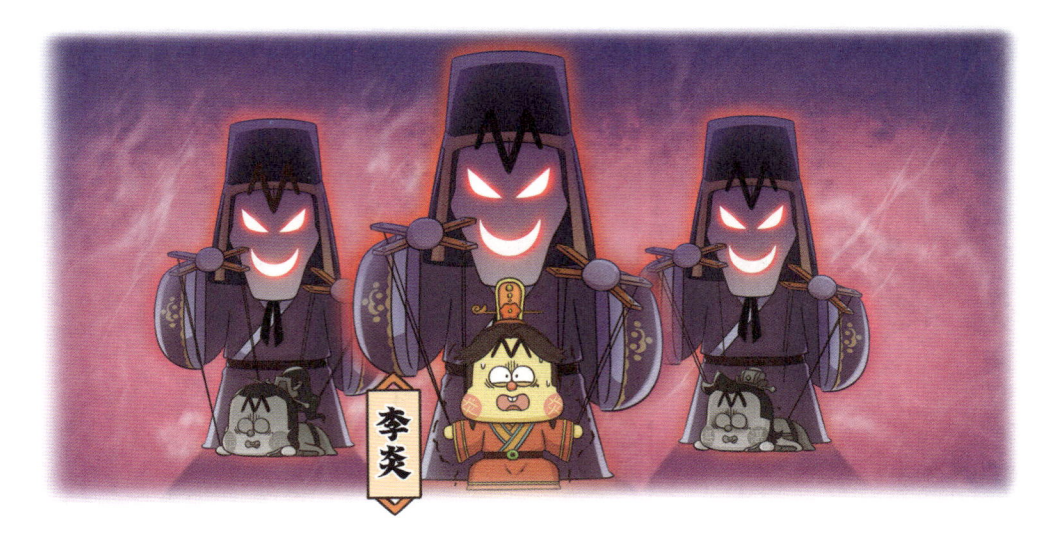

李炎

唐武宗李炎登基的时候已经 27 岁，相比前两个未成年就登基的哥哥，李炎显得成熟沉稳多了。

> 新皇帝好像很喜欢耍酷啊！

深藏不露

唐武宗李炎看到他的父皇和哥哥们都深受宦官所害，他曾经问太皇太后郭太后，如何才能做一个好皇帝。

> 奶奶，我体育没有大哥好，读书没有二哥好，我怎么才能做个好皇帝？

> 准时上朝，重用贤臣。

唐武宗李炎要想摆脱宦官掌控，必须选择一个强势的宰相辅佐自己。登基半年后，他召淮南节度使李德裕入朝为宰相。

> 谁啊，打扰我睡午觉！

> 喂，回朝廷上班。

李德裕

第十七章 帝宦之争

李德裕是谁？那可是前文"牛李党争"中的李党领袖。李德裕的父亲李吉甫是唐宪宗的宰相，顶着"宰相二代"的名头，李德裕自己也殷勤地侍奉过四朝皇帝，努力当上了宰相。但"牛李党争"之下，李德裕好几次被排挤出朝廷。

> 我李德裕又回来了！

宰相二代

得到了唐武宗的支持，李德裕东山再起，着手收拾这帮无法无天的宦官。

李德裕开始联合仇士良的死对头们，这让仇士良顿时觉得不妙。

> 管你是谁！和我仇士良斗都得死！

公元842年，仇士良在禁军中散布谣言，声称宰相李德裕要削减禁军的工资福利，故意煽动禁军闹事。唐武宗李炎知道后，立刻下旨到禁军中。

> 一切都是朕的旨意，跟宰相无关，你们敢冲着朕来吗？

唐武宗的强势震慑住了禁军，禁军不敢轻举妄动。仇士良知道自己要大祸临头了。果然没过多久，唐武宗就降了仇士良的官职。

> 我真是瞎了眼了！扶持上来这么个硬骨头皇帝！嘤嘤嘤！

伤心 欲绝

大宦官仇士良一生在大唐朝廷呼风唤雨，操控皇帝的生死废立，他掌权的巅峰时期一连杀了两位王爷、四位宰相。

> 我也算够本儿了！剩下的目标就是寿终正寝！

公元843年，仇士良称病退休。徒子徒孙的宦官们为仇士良送行，仇士良居然还向他传授愚弄操控皇帝的"宝典"。

> 要让皇帝有事儿干，一个劲儿地让他沉迷享乐，这样皇帝才会喜欢咱们宦官。千万不要让皇帝读书，不要让皇帝接近读书人。皇帝一旦心怀天下，就要排斥咱们宦官了。

> 说得对！说得对！

不久后，仇士良去世。第二年，唐武宗下令削夺仇士良生前的官职，抄没他的家产。一代大宦官就此倒下，祸乱多年的宦官专权终于得到了遏制。

> 咱老弟终于给咱出了口恶气！

> 皇帝不狠，站得不稳！手段要损，用人要准！

公元844年，唐武宗李炎立志整顿大唐的政坛，他和宰相李德裕制定了严刑峻法，严惩贪官污吏，还开掉了朝廷里2000多名没用的官员。

> 皇上，我是给皇宫猫咪铲屎的铲屎官！

> 给我开掉他！！

军事上，唐武宗李炎秉持着他一贯强硬的作风，面对作乱的藩镇，沉着应对毫不妥协。

谁听话，朕就任命谁为新节度使。要是不听话，就给朕狠狠地打！

这个皇帝真是不好糊弄啊！

为了让节度使们务正业，唐武宗派节度使们兵分三路，讨伐回鹘，为大唐边境带来了30多年的稳定。

该打仗就去打仗，别整天在家里抢地盘！

咱老弟就是传说中的霸道总裁！

唐朝历代皇帝都崇尚佛教，寺院在长安城里随处而见。而唐武宗李炎是唐朝皇帝中唯一一个反对佛教的。

这个臭小子居然不抄经书不礼佛！

因为出家做和尚不用服役和纳税，寺院还大量占用了广阔的良田。公元 845 年，唐武宗李炎公布了佛教破坏大唐经济的几大罪状，下旨拆毁寺院，命令 26 万僧人还俗，大大扩展了政府的税收来源。

虽然一心毁佛，但唐武宗李炎却痴迷道教，天天想要成仙，还在皇宫中修建了一座高大的"望仙台"。

皇上！上面风大，多穿点！

嘘，别打扰朕和神仙们说悄悄话。

眼下唐武宗李炎觉得自己已经解决了宦官专权和藩镇割据两大头疼的问题，就也走上了爷爷爸爸的老路，跟着道士修习"仙术"，服用"仙丹"。

成功皇帝的归宿就是长生不老。

完了，离见我们的日子不远了……

"仙丹"的毒素开始侵蚀李炎的身体。短短一年后，原本健康的唐武宗李炎就病得没法上朝了，但他却以为自己正在"脱胎换骨"。

> 朕……朕就要成仙了！

宰相李德裕立刻要求入宫见皇帝。但这时，宫中宦官势力趁机死灰复燃。宦官们拦住所有来觐见的大臣，并封锁宫中的消息。

> 糟了！这种情况下，宦官又要开始掌控天子废立了！

封锁消息的两个月中，满朝文武焦急地等待唐武宗李炎能够康复。但唐武宗李炎病情快速恶化，在公元846年4月驾崩，享年33岁。

> 啊！我终于成仙了！

> 不，你是挂了！

> 得了兄弟们！咱哥仨终于凑齐了！

强势帝王唐武宗一死，宦官们以皇子们年幼为由，另立了一位新皇帝。而他的出现令全大唐意想不到——

帝王家庭小剧场

三个皇后

自从武则天做了皇帝，晚唐很多皇帝都不再敢立皇后。很多皇后都是儿子当皇帝之后为自己母亲册封的。

唐穆宗的三个儿子李湛、李昂、李炎都当了皇帝。于是三个儿子分别给自己母亲封了皇后。唐穆宗成了大唐唯一一位有三位皇后的皇帝。

凭什么你是大皇后，我是二皇后啊？！

凭什么你是二皇后，我是三皇后啊？！哼！

唐穆宗

李忱

第十八章 晚唐回光

晚唐篇

宦官集团被强势的唐武宗收拾怕了。所以唐武宗一驾崩，宦官势力立刻反扑。

> 为了吃香喝辣，咱们这次要立一个绝对听话的皇帝！

> 最好是个傻子！大傻子！

果然，一个叫仇公武的宦官推出了"最傻"的人选。他们从前任皇帝唐武宗李炎的爷爷、唐宪宗李纯的儿子里，挑出了第13个儿子，光王李忱。

> 傻子光叔？

> 他当皇帝，咱大唐就要败在他手上了！

> 嘿嘿，还有比我更不靠谱的皇帝！

公元846年，宦官们拥立光王李忱登基，史称唐宣宗。登基这年，唐宣宗李忱已经37岁了。

> 让这个大傻子当皇帝，看谁敢威胁咱们宦官！哈哈哈！

第十八章 晚唐回光

满朝文武傻眼了！从皇宫到朝廷上下，谁不知道这个李忱天生智力障碍，怎么能让这样的人担当一国之君呢！

> 皇上，1+1等于几？

> =8

> 我才不给傻子皇帝工作，我不活了！

这个被认为不太聪明的唐宣宗李忱，是唐穆宗李恒同父异母的弟弟，也是唐敬宗、唐文宗、唐武宗的叔叔。但他只比唐敬宗、唐文宗小1岁，比唐武宗大4岁。

> 哼！就算是同龄人，我也不带这傻子玩！

> 我才不要和傻子一起读书。

因为唐宣宗李忱的生母出身非常卑微，只是郭太后的婢女，所以他的身份无法和高贵的嫡系皇子相比。

> 你这个小婢女居然勾引我老公！气死老娘了！

李忱从小说话慢，双目无神，很多人一看到他都认为他不是个聪明孩子。

> 小……小鸟……

> 哼，婢女就是婢女，生出来的孩子也是傻子！

> 太后放心！这个皇子看起来又呆又傻，根本不是个威胁。

在皇宫成长的岁月里，身份显贵的皇子们根本不带李忱玩，还常常欺负他、捉弄他。

> 哈哈哈！傻子光叔！

> 傻子光叔！

只有霸道总裁唐武宗李炎看出，这个"傻子光叔"非同一般。

> 能忍耐这样的欺凌，一定有顽强的意志力和深厚的城府。万一这个李忱不是真的傻，那就太可怕了！

第十八章　晚唐回光

所以当年唐武宗李炎一登基，就计划杀了李忱。那几年里李忱频频遭遇各种"意外事故"，但每一次李忱都顽强生还。

> 这真是个打不死的小强！我直接把你淹死在厕所里！

但宦官仇公武留了个心眼，把李忱从粪坑里捞了出来，送出皇宫。直到唐武宗李炎驾崩，才将李忱请出来做皇帝。

> 王爷，有句话叫捞粪之恩当涌泉相报啊！

但，唐宣宗李忱真的是所有人想的那样吗？

> 你……你是谁？

> 我？我是你们眼中的傻子，李忱啊！

刚一登基，唐宣宗李忱就摘下戴了37年的"傻子"面具，露出了威严自信的真面目。他举手投足之间成熟稳重的帝王风范，震惊了满朝文武。

哎等等，这帅哥是谁？

这才是我的理想型皇帝！啊！他自带光芒！闪瞎了我的眼哪！

宦官们恍然大悟，当年唐武宗李炎非要不择手段弄死光王李忱，是早就看穿了他！

这不是皇帝，这是影帝啊！这日子没法过了，嘤嘤嘤！

37年的隐忍偷生，换来如今的君临天下。唐宣宗李忱终于要开创属于自己的时代。大唐朝廷在前任皇帝唐武宗李炎的治理下已经有了一群能臣良将，但唐宣宗李忱却看不上他们。

李炎用的大臣，全都给我开了！

唉，真是一朝天子一朝臣啊。

第十八章 晚唐回光

唐宣宗李忱将自己的生母婢女郑氏封为郑太后，他翻出当年自己父皇唐宪宗被害的旧账，把一直欺压自己的郭太皇太后逼上了绝路。

> 你就是当年杀害我父皇的凶手之一！

> 咱们有话好好说！

他又把唐敬宗、唐文宗、唐武宗3个皇帝侄子移出了李家的太庙。

> 君子报仇，37年不晚！

> 我就知道这家伙不能留！居然敢这样报复我们！

之前唐武宗李炎的强势，得益于倚靠一位强势的宰相李德裕。而熟读《贞观政要》的唐宣宗李忱决定，要靠自己成为一代强势的帝王。

> 我已经把《贞观政要》默写了一百遍！一切朝祖宗李世民看齐！

唐宣宗李忱开始整顿朝廷吏治，大事小情都要亲自批阅，对官员们的一举一动都了如指掌。

> 大大小小的事都别想瞒过我。

李忱不仅不傻，反而记忆力惊人。宫里的奴仆、杂役，只要他见过一面就能记住他们。

> 这事应该交给御膳房烧烤部门脸上有两颗痦子的、年轻的小王去办！

大吃一惊

因为从小过得苦，唐宣宗李忱知道必须亲自深入民间才能了解百姓疾苦。于是，他常常借着春游打猎的机会来到民间，了解地方官的工作。

> 哎！老伯，你们这县太爷怎么样？

> 哎！小伙子，你们街上治安好吗？

第十八章　晚唐回光

唐宣宗李忱回到朝廷后，褒奖廉洁公正的大臣，贬谪昏庸无能的官员。

唐宣宗李忱如此独断朝纲，宦官集团根本没机会插手政局，也没有出现胆敢独揽大权的宰相。当朝的宰相令狐绹每次汇报工作都吓出一身汗。

宰相大人，您去游泳了？

什么呀，我刚汇报完工作。

令狐绹

唐宣宗李忱对朝政的整顿得到了百姓的好评，人送外号"小太宗"。他在执政期间派出精兵强将收复河西失地，平定北方战乱，被后世称为"大中之治"。

什么？你也配叫"小太宗"？看看你的经济情况吧！

唐太宗

好评

虽然唐宣宗李忱努力树立自己的光辉形象，但"大中之治"只是大唐的回光返照。当时大唐社会的经济和政治已经走向衰落。

唐宣宗废除了前朝宰相李德裕多项优秀的政治改革措施，还一反唐武宗李炎的"去佛"政策，疯狂扩建佛寺，导致大唐的税收和土地再次流失。

你也回来做和尚啦？

对，做普通人还得服役和交税！还是和尚好啊！

朝廷税收减少了，势必要拆了东墙补西墙。唐宣宗李忱纵容地方官员和藩镇节度使贪污，以便收上更多的税收。

哎嘿嘿，皇上，这点礼物您就收下吧！

嗯，就你小子会办事！

此外，唐宣宗李忱一直想彻底清除宦官势力，但当年的"甘露之变"让大家心有余悸，迟迟没能动手，这让宦官毒瘤遗患无穷。

皇上，甘露之变太可怕了！

呃……朕再考虑考虑！

公元 857 年，当了 11 年皇帝的李忱开始松懈了，他也走上了祖祖辈辈们必走的老路——修仙。

前面的皇帝都是没找对方法！朕这么聪明肯定能得道成仙！

吃吃吃！给我吃！早吃早见我！

宦官们一看到皇帝又开始修仙，就知道一手遮天的机会来了。宦官们收受朝廷官员和节度使的贿赂，甚至还从东南富庶之地疯狂捞钱。

老弟呀，钱再不送上来，事儿我就不给你办了！

公元 858 年，南方 6 个藩镇相继爆发战乱。第二年，连富庶的东南一带也爆发了农民起义。半个东南地区陷入动乱，而唐宣宗李忱却在沉迷"修仙"。

皇上！军情紧急！我要见皇上！

大胆！居然敢打扰皇上修仙！你不要脑袋啦！

公元 859 年 6 月，唐宣宗李忱因为食用仙丹中毒，整整一个多月都不能上朝。许多大臣劝唐宣宗李忱及时立太子，但李忱偏要和大臣们对着干。

朕不立太子！朕能长生不老！

皇上也太任性了吧！

没想到，唐宣宗李忱很快就病入膏肓。公元 859 年 9 月，唐宣宗李忱驾崩，享年 50 岁。由于没有及时立太子，宦官们为了确定新皇帝又引发了一场大动乱。

驾崩

帝王家庭小剧场

小心眼儿

唐宣宗李忱从小到大长期隐忍偷生，这导致他的心胸狭小，不轻易饶恕别人的过错。有次李忱和几个宰相一起对诗，他怀疑宰相们在讽刺自己，事后就把宰相们贬出朝廷。大书法家柳公权念错了唐宣宗李忱的尊号，居然被当场罚款。都夸唐宣宗李忱是"小太宗"，但李忱的胸怀和李世民比实在是差了太多。

> 小心眼儿！

> 小心眼儿的皇帝真是太难伺候了！

赐死歌姬

唐宣宗李忱对自己要求非常严格，有时候甚至连身边的人也跟着遭殃。李忱曾经爱上一位非常美貌的歌姬，于是将她收入后宫。但过了一段时间李忱担心自己会重复唐玄宗李隆基和杨玉环的悲剧，有大臣建议他将歌姬放出宫，但李忱却下令将歌姬毒死。

> 她离开我我就生不如死，不如把她赐死吧！长痛不如短痛！

> 好你个渣男！太可怕了！！

李漼

第十九章 丧钟响起

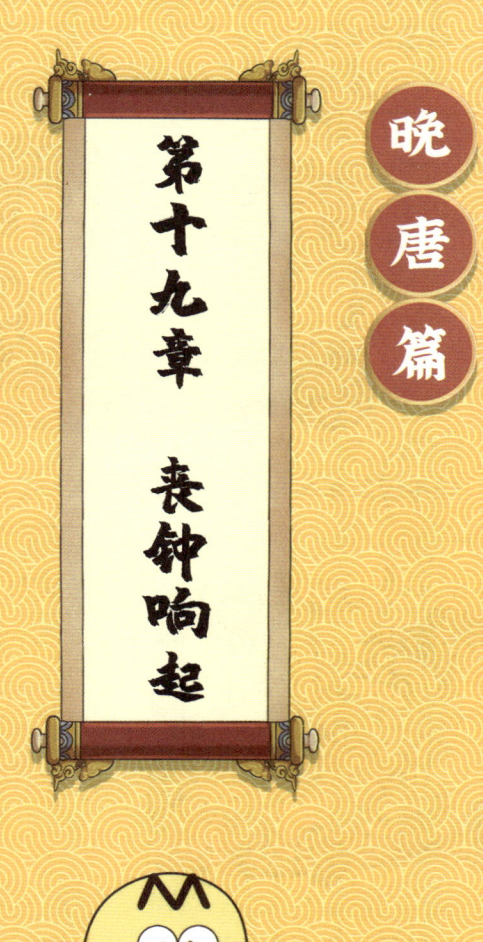

晚唐篇

公元 859 年 9 月的一天，唐宣宗李忱在病床上奄奄一息，他托付自己的亲信宦官准备立自己宠爱的四儿子为下一任皇帝。但李忱连话还没说完，就驾崩了。

> 四、四、四……

> 皇上您是想吃四喜丸子吗？

这时，另一位手握禁军军权的大宦官王宗实冲了进来。

> 大胆！你竟敢毒杀皇帝！

王宗实

两派大宦官在宫里打了个你死我活。最后手握重兵的王宗实赢得胜利，他把唐宣宗的大儿子李漼（cuǐ）推上皇位，史称唐懿宗。登基这年李漼 27 岁。

> 走，当皇帝去！

唐懿宗

李漼

> 咋回事？真的假的？骗我是小狗！

第十九章 丧钟响起

上一章说了，强势的唐宣宗治理后期为大唐遗留了很多严重的问题。官员昏庸贪腐，国库财政吃紧，各地经济也开始下滑。这时最需要一个贤明的君主才能扭转大唐的颓势。

唐懿宗李漼，从小就不被他老爸唐宣宗喜欢，早早地就被赶出皇宫到别的地方住了。

一直被冷落的李漼夹着尾巴生活，没想到有朝一日竟能被宦官推上皇位，对他来说简直像中了彩票。

相比治国，唐懿宗李漼对音乐和玩乐更感兴趣。他在皇宫中养了500多名乐工，开始大张旗鼓地沉迷音乐。

> 我要天天开演唱会！让我看到你们的双手！

唐懿宗李漼一高兴，就大大赏赐这些乐工。

> 来人！给小张发10万块红包！给小李发20万！

> 皇上，我们乐工也想做官！

> 好！必须的！

不光是在皇宫里开演唱会，唐懿宗李漼还把音乐会开到宫外。带着各路亲王和侍从前呼后拥，四处游玩宴乐。

> 我宣布！阿漼全球巡演正式启动！

> 都玩了1个月了累不累啊？

宫中没有贤明的君主，加上多年的朋党之争，使得朝廷中大臣们碌碌无为、视财如命。唐懿宗在位期间，一共换了21任宰相。

唱歌都跑调！怎么做宰相！

臣跑调但臣会Rap呀！

唐懿宗丝毫不担心大唐的命运，但唐宣宗时期埋下的隐患逐渐爆发。原本就脆弱的大唐国库，经不起皇帝花钱如流水。各地官府开始征收更多苛捐杂税，宦官们更是搜刮民脂民膏。

土地越来越少，税越来越重了！

还让不让人活了！嘤嘤嘤！

唐懿宗李漼刚登基3个月，有一个叫裘甫的农民在浙江东部率先掀起了农民起义。农民起义的队伍竟然在短短半年内从几千人扩展到3万人。

兄弟们冲啊！

裘甫

江南可是大唐的钱袋子,大唐的财政哪受得了这儿长期打仗。

> 朕的小钱钱每分每秒都在损失!你们快去平乱啊!!

幸好裘甫没有远大志向推翻大唐。朝廷的正规军出动,短短 7 个月就完成了平乱。

但唐懿宗李漼又捅出一个大娄子。李漼刚刚登基时,藩属国南诏国的国王世隆也刚即位。两个年轻人谁也不服谁,都要求对方先过来给各自的老爸上坟。

> 不给我上贡就算了,还不来给我老爸上坟!

> 大唐早就不是当年的大唐了!你嚣张什么!

世隆

第十九章 丧钟响起

唐懿宗一气之下拒绝了对世隆的册封，然而南诏王世隆也不是好惹的，当即下令进攻大唐。

给我烤了这个番薯王！！

给我揍扁这个败家子！！

南诏国虽然是个小国，但战斗力非常强。这战争一打就是 11 年，大唐军队共损失了 15 万士兵。朝廷还继续向民间征兵，命令士兵长时间守在驻地。

这仗打到什么时候是个头呀！

再打三年就放你们走！

士兵们疲惫不堪。许多人死在战场上，剩下的人连续打了好几年的仗，都没能回家。

三年之后又三年！我们要回家！

公元 868 年，一个叫庞勋的士兵带头杀死了军官，在军营中掀起了一场兵变。

推翻大唐！俺们要回家！

庞勋

庞勋带兵转战各个省份连连获胜，大唐百姓对官府积怨已久，纷纷参加起义军，起义军人数从一开始的 2000 人，逐渐壮大到 20 万人！

走！去参加起义军的面试！

庞勋起义是对腐朽不堪的大唐王朝的又一次沉重打击，大唐朝廷动用了十几万军队，耗费了一年时间才平定了起义。此时大唐王朝千疮百孔，灭亡进入倒计时。

第十九章 丧钟响起

朝廷中的有识之士极度担忧,但李漼依然沉浸在宴乐游玩中。

> 皇上!咱们大唐问题重重,您得做点儿什么呀!

> 没错!朕要创作一首《问题重重歌》,再把提问题的你干掉!

玩乐无度的唐懿宗李漼,居然自以为有一招能保住大唐江山,就是烧香拜佛。他大举建造寺庙和佛像,疯狂捐献巨额钱财。

> 只要能见到佛骨,我死也愿意!

> 皇上别乱说话呀!

没想到,唐懿宗李漼居然一语成谶,迎接佛骨后4个月,李漼病倒了。公元873年8月15日,唐懿宗李漼病重驾崩,享年41岁。这是大唐最后一位在长安城里平安度过一生的皇帝。

病重 驾崩

311

唐懿宗玩乐了一辈子，连储君都没有立。于是宦官们拥立只有 12 岁的五皇子李儇（xuān）登基，史称唐僖宗。

我打！我打打打！

哎哟！这个皇子最贪玩，一定是个当皇帝的料！

李儇

唐僖宗李儇是个人才，除了治国以外什么都会。

咱皇上真厉害，当年太宗皇帝也是文学、骑马、射箭 100 分！

那当然，我斗鸡 100 分！踢球 100 分！赌钱 100 分！我也是个状元！

唐僖宗登基以后，大唐的局势已经非常严峻。李儇却把朝政丢给最信任的宦官田令孜，自己光顾着玩去了。他登基的第二年，关中大旱，宦官和官吏们却四处横征暴敛。

要么交税！要么服役！

放开我！我真的没钱了！

大唐百姓们走投无路。公元 875 年至 878 年，一个私盐贩子王仙芝带头掀起一场反抗大唐的起义。王仙芝战死后，另一个叫黄巢的私盐贩子扛起农民起义的大旗。

兄弟接着干！

我为农民起义代言！

出身富商家庭的黄巢从小能文能武，长大后满心想着为大唐效力，但连续参加科举考试，全都名落孙山。黄巢一气之下写了一首著名的《不第后赋菊》。字里行间透露出他的雄心壮志，日后黄巢以起义军首领的身份杀进了长安。

不第后赋菊
待到秋来九月八，
我花开后百花杀。
冲天香阵透长安，
满城尽带黄金甲。

黄巢

一波又一波的农民起义，如同潮水般冲击着朽坏的大唐。各个州县的大小官员欺瞒不报，各藩镇手握兵权的节度使只想自保。黄巢的农民起义军势如破竹，一路旗开得胜，就要逼近大唐的心脏长安！

这事儿我管不了！

这事儿，我不能做主！

闹，接着闹！我看小皇帝如何收拾！

唐僖宗李儇听说黄巢进攻的消息后很紧张，为了选拔优秀的将领对抗黄巢，他立刻选择用打马球的方式来决定人选。这就是臭名昭著的"击球赌三川"。

好紧张呀！快打马球放松一下！你们谁赢了谁就是朕的大将军！

简直太荒唐了！

公元880年12月，黄巢先攻克了洛阳，后又攻克潼关直逼长安。整个朝廷竟然毫无抵抗之力。大宦官田令孜率领禁军连忙带着李儇和少数亲王逃往四川。这一躲就是整整四年。

我要向唐玄宗爷爷学习！到四川度假！

你这个不要脸的！

田令孜

唐玄宗

公元881年1月，黄巢的起义军没有受到任何抵抗就顺利进入长安，建国号大齐。为了让百姓们放弃李唐皇室，黄巢屠杀了留在长安城的李唐宗亲。

从今天开始，我就是这天下的新皇帝！哈哈哈！

大 齐

第十九章 丧钟响起

各个藩镇节度使一看黄巢这小子居然能进长安吃香的喝辣的,他们为了保住自己的利益,赶紧倒向唐僖宗李儇,开始积极镇压黄巢。

黄巢算老几!哥儿几个一起揍他!

对!不能让这小子得了便宜!

渐渐地,黄巢的起义军内部发生了分歧,一些将领暗中接受了朝廷招安。公元882年,黄巢手下一个叫朱温的大将,投靠了唐僖宗和李唐朝廷。

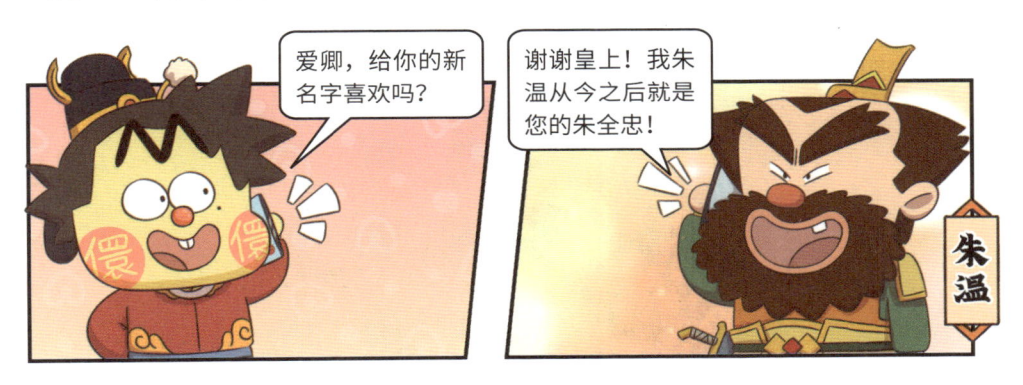

爱卿,给你的新名字喜欢吗?

谢谢皇上!我朱温从今之后就是您的朱全忠!

朱温

投靠唐军之后的朱温,加紧联合各路大唐军队攻打黄巢起义军。失去了大将的黄巢在朱温和各大藩镇夹击中节节败退。公元884年,黄巢兵败自杀,长达10年的农民起义宣告失败。

兵败

黄巢死后，唐僖宗李儇终于回到长安。但这座曾经无比辉煌的大唐帝都已经成了一座残破荒凉的空城。他的大唐朝廷也只剩下一个名存实亡的空壳。

> 朕的宫殿，朕的美人、马球场，都没有了，嘤嘤嘤！

凄凉

黄巢起义失败后，朱温收编起义军余部壮大了自己的势力，各大藩镇节度使又开始趁机抢地盘。田令孜和他的宦官势力也不甘心坐以待毙，居然挟持唐僖宗李儇企图号令天下。

> 你们三个别打了！踩到朕了！嘤嘤嘤！

经历数年的颠沛流离，唐僖宗李儇身心俱损，患上了重病。公元888年4月，年仅27岁的唐僖宗在长安驾崩。宦官们要挟持新的天子，便将李儇的弟弟、年仅21岁的寿王李晔推上皇位，史称唐昭宗。

> 听说咱们新皇帝是个英明神武的大帅哥！

> 唉，长得帅能挽救大唐吗？

帝王家庭小剧场

李晔算账

唐昭宗李晔即位后的第一件事，就是收拾大宦官田令孜。当年李晔跟着唐僖宗逃往四川时年少体弱，在路上走累了，就问田令孜要一匹马。田令孜不但不给，还狠狠抽了李晔一鞭子。

皇帝报仇，十年不晚！

李晔

第二十章　日落长安

晚唐篇

相比唐懿宗和唐僖宗，唐昭宗李晔才像一个皇帝的样子。李晔英俊威武，热爱文学，一心想要恢复当年的大唐盛世。所以他一登基，大臣们终于看到了希望。

> 皇上啊！您应该早生几年啊！嘤嘤嘤！

> 爱卿们，朕来晚了！

但唐昭宗李晔实在是生不逢时。眼前的大唐王朝经历了唐懿宗、唐僖宗的糟蹋，已经大厦将倾。就算唐昭宗李晔有再多才能和自信，也无力回天。但他还是和宰相们谨慎地制订了一套大唐抢救方案。

> 我觉得大唐还能再抢救一下！

> 死马当活马医吧！

唐昭宗李晔要想真正执掌朝政，就得先脱离宦官的掌控。他刚登基不久，就夺走了大宦官田令孜、杨恭复等人的权力。

> 把这两个家伙给我炒了！

> 皇上！你怎么下得去手！嘤嘤嘤！

接下来，唐昭宗开始收拾藩镇，重新树立朝廷的威望。朝廷招兵买马，很快组建了一支 10 万人的中央禁军。

但是，经历了黄巢起义后各大藩镇拥兵自重，节度使们身经百战，没一个是好对付的。唐昭宗李晔一出手就挑了个最难打的李克用，结果不到半年，10 万禁军几乎全军覆没。

但这一切只是悲剧的开始。各路节度使都发现唐昭宗是好欺负的。

不断遭受打击和要挟的唐昭宗感到巨大的失落，他变得喜怒无常，常常一连几天都在酗酒。宦官们趁机将李晔囚禁，计划让太子登基。

> 你们拉着我干什么呀？我没醉！

> 皇上您太累了，还是让您儿子来当皇帝吧！

宰相崔胤得知唐昭宗被囚禁，赶忙联合禁军将领，干掉几个为首的宦官救出李晔。唐昭宗李晔一复位，就将几个为首的宦官满门抄斩。

> 你们这几个胆大妄为的东西！还好有朕的禁军！

宰相崔胤想借机掌管禁军，但禁军却不乐意了。

> 哼！我们禁军归宦官掌管100多年，谁搭理你这个破宰相！

正在唐昭宗李晔焦头烂额的时候，那个背叛黄巢、投靠大唐朝廷的朱温正在偷偷壮大自己的势力，中原各个藩镇都被他打趴下了。朱温摇身一变成了中原最强军阀。

还有谁？

朱温的野心当然不只是做个节度使，但怎么才能有机会进入长安城呢？恰好这时候，皇宫里的宦官给朱温通风报信，让他偷偷进京。

朱温！快给我来长安！帮我揍扁那个臭宰相！

哎？正合我意！

朱温率军来到长安，宦官们这才傻眼了！这不就是引狼入室吗！此时朱温和宦官们都想挟持唐昭宗成为自己的傀儡。

宦官都是反贼！皇上我来救你！

朱温才是反贼！皇上快和我去凤翔避难！

但唐昭宗李晔哪儿都不肯去，宦官李茂贞竟然让人把大明宫一把火烧了。公元901年，熊熊烈火包裹着这座荣耀宏伟的大明宫，长安的夜空被映红了。这把火彻底烧掉了唐昭宗李晔复兴的梦想，他只好带着皇后妃嫔和亲王等一百多人，在哀哭声中离开长安。

眼看着皇帝被宦官挟持到凤翔，宰相崔胤竟然一把鼻涕一把泪地请求朱温去救出天子。朱温二话不说，立刻出兵凤翔。

> 朱将军你才是唯一的好人呀！嘤嘤嘤！

崔胤

凤翔城被朱温的军队团团包围，皇帝和皇室成员们都是吃了上顿没下顿。只听见宦官和朱温的军队在城头天天叫骂。

> 你们这帮绑架天子的反贼！

> 你们这帮抢夺天子的反贼！

> 什么反不反的，朕现在只想吃饭！！

第二十章 日落长安

公元 903 年，守城将领弹尽粮绝，只好放了唐昭宗李晔，向朱温投降。

围城之战胜利后，宰相崔胤和朱温都得到了好处。崔胤上奏建议将宦官斩尽杀绝。在宦官手里吃尽苦头的唐昭宗李晔同意了，下令朱温将皇宫以及朝廷内外的宦官们全部屠杀，连已经退休离开皇宫的宦官都不放过。制霸大唐一百多年的宦官专权被以血腥的方式彻底终结。

经过这一战，朱温获得了超级大功臣的头衔，他把中原腹地都收入囊中。再也没有什么能阻挡朱温了，他夺取皇位的血腥计划也慢慢展开。

325

朱温挟持唐昭宗李晔迁都洛阳，逼迫长安城中成千上万的百姓一起上路。为了斩断李唐宗室重回长安的念想，朱温命令军队把长安城内的宫殿、民宅全部拆除、烧毁。长安，这座辉煌灿烂的文明大都城就此成为一片废墟。

> 让朕再回头看一眼朕的长安……

唐昭宗李晔知道此去洛阳凶多吉少，就在路上故意拖延时间，想方设法联络其他节度使。但朱温可不吃他这一套。

> 太医说我生病了，我不能走太快。

> 好，我把太医杀了。

> 我想去买个水果！

> 别买了，我把水果摊老板干掉了！

> 我走！我走还不行吗！嘤嘤嘤！

到了洛阳,唐昭宗被关在宫殿中,每天被监视。没多久,探子就给朱温送来了一个至关重要的消息。

> 朱将军不好啦!皇上和几个节度使不停地发邮件!肯定是想光复李氏大唐!

> 真是夜长梦多啊!我得想想办法!

公元904年9月的一个深夜,朱温不在洛阳,远程安排手下蒋玄晖带领一队士兵,敲开皇帝寝宫的门,他们对着熟睡中的唐昭宗李晔举起屠刀。这位一生想光复大唐却无力回天的皇帝终于闭上了眼睛。随后,蒋玄晖假传诏书,拥立唐昭宗13岁的儿子李柷(chù)为太子,宣布太子监国,又在当天宣布太子登基,史称唐哀帝。

> 我终于可以休息了!

唐哀帝 李柷

人在外地的朱温一听唐昭宗被刺杀,立刻倒地大哭,特地赶回洛阳,在李晔的葬礼上大哭。

> 皇上是我全忠辜负了你呀!我发誓!这事跟我一点关系也没有!

> 你这个朱全忠!说的话一个标点符号都不能信!

唐昭宗李晔驾崩仅仅是朱温夺权的第二步。就在第二年，公元905年，朱温在洛阳大摆宴席，请唐昭宗的皇子们吃饭，皇子们个个酩酊大醉。

> 来人，全部给我杀了。

随后遭殃的是朝中仅剩下的那些有名望的大臣，朱温将他们全部杀害后把尸体投入江中。朱温自己当上了相国，总揽帝国朝政。

> 咦？怎么没有一个人来上朝？

> 皇上，我朱温现在是所有部门的总负责人！您有啥事呀？

公元907年4月，朱温逼迫唐哀帝禅让，6月朱温登基即位，定都东京（也就是如今的开封），改国号为梁，史称"后梁"。朱温就是"后梁太祖"。至此，长达289年的大唐政权宣告灭亡。

后梁太祖

第二十章　日落长安

朱温一"登基"，各地藩镇就炸成一锅粥！雄踞一方的各大节度使也纷纷自立为帝。打仗、叛变、篡位成了家常便饭。

凭什么你朱温当皇帝！

俺们也要做大做强！

中原四分五裂，接连出现了后梁、后唐、后晋、后汉和后周五大政权，而中原以外有十个割据政权。这一混乱黑暗的历史时期被称为"五代十国"。

五代十国

直到有一位乱世枭雄的出现，结束了分裂局势，在他手里，诞生了又一个伟大传奇的统一王朝……

乱世枭雄

完